JN072902

人生改革!
過去世5代×先祖×憑依霊

飛沢式「量子HADOヒーラー」養成講座

飛沢誠一
Tobisawa Seiichi

ヒカルランド

「見えない世界」を、できる限り「見える世界」にする。
科学技術を活用して、現象を捉えるのが、我々技術者の使命です。
私は必ず見えるようになると思っています。

私は何をすべきか神様に聞くと、
「全体像の説明と、アカシックレコードを読んだり、
書き換えたりする役をやりなさい」と言われました。

我々は宇宙から来て、地球で輪廻転生している最中に、
地球の中で生まれ変わりを経て、
いろんな経験をしてマイナスのカルマが強くなければ、
また宇宙に帰れる。
これが全体のストーリーです。

自分は「今世ではこういうことをやる」と、
あるべき姿は決めているのですが、未来はどんどん変わっていきます。
瞬間的に、
高速ウルトラスーパー量子コンピュータみたいに未来が計算されている。
カルマを消すために、
「本来はここに来るはずが、何かしらの事情により来られない」となると、
そこで瞬時に全てが書き換えられ、
つじつまが合うように計算されているのです。

人間の魂は二重構造になっていて、
魂の大きさは、実はコンベックスやメジャーで測ることができます。

アメリカの大統領選挙も異常な状態になりましたが、
今の日本もかなりおかしい。
この世界的な傾向は、憑依《ひょうい》のためだと思います。
この傾向が一定の時間続くと、憑依が浄化されます。
私は今、大阪などを遠隔で一生懸命に浄化しています。
コロナもそれと関係があると思いますし、経済活動も狂っている。
何もかもが変ですね。

もともと人間は霊的な生き物ですから、
あるとき、共鳴して波動が重なってしまうことがあります。
なので、波動が低い人は憑依されやすい。

霊体の波動は低いので、
高次元レイキで宇宙とつながって波動をガンと上げると、
憑《つ》いた霊体を全て浄化できます。

憑依のない人は2割くらい、
実に8割くらいの人は何かしらの憑依があります。

私は現在、日本に新型コロナウイルスの抗体エネルギーを降ろしています。
新型コロナウイルスの抗体エネルギーを宇宙の中心から持ってきて、
感染者に気のチューブで入れると結構な確率で治ります。
ですが、私が気当てしたところ、
今は新型コロナウイルスの反応は感じられない。
昨年2020年の3~4月ころは強い反応があったのですが、
今はない感じがします。

ウイルスに対しては、
「エネルギーカット」というテクニックがあるので、講座で教えています。
例えば、多くの人が帯状疱疹《たいじょうほうしん》ウイルスを持っています。
帯状疱疹ウイルスは宇宙の中心とエネルギーでつながっているので、
このエネルギーラインをカットする。

350年後には、本格的に「波動医療」の時代が到来します。

カバーデザイン　重原　隆
編集協力　宮田速記
校正　麦秋アートセンター
本文仮名書体　文麗仮名（キャップス）

目次

Part 1

量子HADOヒーラー

Part 2

量子HADOヒーリング 実践篇

Part 3

飛沢式量子HADOメソッドを大公開!

Chapter 2　未来のリーディングで350年後まで見てみた⁉

Chapter 3 量子波とヒトの未来

Part 1

量子HADOヒーラー

Chapter 1

飛沢式が完成するまで！

人の憑依を取ってあげていたら、自分が憑依されて霊体からの大反撃に遭う！

私は、もともとスピリチュアルに興味があったわけではなくて、幼少期は体の弱い、科学が好きな男の子でした。ただ、友達に攻撃されて、崖から落とされたりして、額《ひたい》に3カ所くらいの傷があり、なぜそんなことが起こるのか不思議でした。

その後、高等専門学校、大学を出て、普通の企業に入社しました。結婚して子どもができ、30歳からフルマラソンを始めました。仕事もマラソンも、よりたくさんできるように、また健康にいいだろうと中国気功の本を買って、独学で始めてみました。

驚いたことに、普通は1年はかかるというレベルを2~3日でほぼ全部理解し、小周《しょうしゅう》天《てん》（気功法の一つ）から何から全部できてしまった。自分でもなぜできるのかわかりません（後に過去世を見ると、以前、気功の先生だったことがわかり腑に落ちました）。

仕事はコニカミノルタの研究開発職をしていましたが、部下の中にときどき、「憑依」されている人がいました。

まわりに霊体が憑いているので、「昨日、どこへ行ったんだ？　気持ち悪いだろう」と聞いたら、「なんでわかるんですか？　昨晩は、ドライブで東尋坊に行きました」と。やっぱり憑依されていました。

そのころには憑依を取れるようになっていたので、「不思議な課長」と言われていました。

憑依を簡単に取れることがわかったので、いろんな人の憑依を無料で取ったり、外を歩いているときに、霊体がいる家を見つけると勝手に取ったりしていましたが、あるときから、霊体にものすごい攻撃を受けて、自分の力では全然浄化できなくなりました。

自分のまわりをずっと霊体が回っている。自分の力では浄化できない状態になってしまい、どんどん悪くなるわけです。

仕事も手につかない状態になってしまったので、さすがにこれはまずいなと感じました。本当に憑依がひどかったころは、悪霊が耳元でささやくのです。「今、電車が走ってくる。

おまえは止めることができるから止めてみろ」とか、「おまえは空を飛べるから、あのマンションの上に行って飛び降りてみろ」と。

困り果てて、会社の中にいるドクターに「霊体が見える」とうかつに相談したところ、「すぐ精神科に行きなさい」と言われてしまいました。

さすがにそのときは、自分でも精神科に行こうかと迷いましたが、何か声が聞こえてきた。「絶対に行ってはならぬ」と。病院にも行かず、どうすることもできず、神様に祈るしかありませんでした。

「神様、お助けください。憑依をお取りください。取っていただいたら何でもします」と祈ると、突然、ベースのチャクラが活性化し、クンダリーニ（根源的な生命エネルギー）が花開いて、ずっと上に上がって王冠のチャクラ（第7チャクラ）が開いた。

バーンと開いた途端に霊体がみんな飛んでいって、憑依から逃れることができたのです。

面白かったのは、その瞬間、私が「神」と思っているものが全て現れたこと。

空海とか、ミカエルとか、天使とか、和洋何でも出てくるのです。

「これは一体何だ」と声の主に聞くと、「あなたが神と思っているものを全部出した。これで信じるだろう。あなたは今、私とつながったのだよ」と言われました。

私は科学系の人間でかなり疑い深いですし、それまで自分は幻覚を見ておかしくなっていると思っていたのですが、いろいろ確認して聞いてみると、至極《しごく》もっともなことを言うのです。

毎日、夜10時くらいまで会社で仕事をして、帰宅後、夕食を食べて就寝すると、だいたい3時から4時くらいに神様が降りてきて、この世のいろいろな仕組みを説明してくれました。

最初に、「知識がなさすぎるので、本屋に行って本を買え」と言う。本屋に行ってみると、棚の本が光って教えてくれるのでそれを全部買ってきました。

旧約聖書、新約聖書、ギリシャ神話など、書物になっている大事なことは自分で読んで、知識を得ました。

その後は、人間の魂は宇宙で生まれ、地球は学校みたいなものなので、ここでトレーニングをして、魂の霊的なレベルを上げるのだという全体像の話などを教えてもらいました。

そして告げられたのは、なぜ私がこのような役割を担《にな》うことになったかという理由。もともとは4～5人の候補がいたが、他の人は宗教団体をつくってしまった。「おまえは科学系で、全体像がわかるので、ぜひみんなに伝えてほしい」ということでした。

そして、憑依の浄化の仕方も、「こうやって、ああやって、エネルギーはこう出して」と、最初の基本は全部教えてもらいました。

今でもそうなのですが、声が聞こえるので、そのとおりやるとできるのです。

「見えない世界」を「見える世界」に

コニカミノルタにいたころ、私は社内で一度、「キルリアン写真」機の開発を提案したことがあります。キルリアン写真は、生体のエネルギーが銀塩で写るというものです。指を失った人のキルリアン写真を撮ると、指がちゃんと写る。肉体はなくとも、そこにはまだ幽体の波動エネルギーが残っており、ある周波数で感応するという仕組みです。それを提案したのですが、「ばかやろう」と言われました。

UFOを撮る際も、CMOSセンサーのハイパスフィルターやローパスフィルターを全部カットして周波数をチューニングすると、より写りやすくなる。

UFOが写りやすい周波数があり、UVのもっと上、X線の手前くらいの領域のセンサーに引っかかるのではないかと考えています。

赤外線写真では、UFOとか霊体系はあまり写らないのです。在職中に、かなりワイドレンジのCMOSが開発されたので、「霊体とかUFOが撮れそうですね」とちらっと言ったら、見事に却下されました。

それ以降も、霊体などを科学的に撮りたいとずっと思っているのですが、先日、コニカミノルタの医療チームのリーダーと話した際に、「何かいいネタはないか」と言うので「波動医療」を提案したら、相変わらず全然理解していなかった。まだ大手はどこもやっていないというのが実情なのです。

「見えない世界」を、できる限り「見える世界」にする。科学技術を活用して、現象を捉えるのが、我々技術者の使命です。私は必ず見えるようになると思っています。

生まれる前から決まっていた⁉　武田信玄の浄化⁉

私の最初のミッションは、山梨県の浄化でした。

コニカミノルタの工場があるので、よく山梨には行っていました。ついでに浄化しろと言われたのです。

なぜ山梨にそんなに霊体がいるのかというと、武田信玄の配下の2万騎の未浄化霊が相当悪いことをしているという。金権政治の金丸信も山梨ですし、ああいうのを全部そそのかしている。その当時の山梨は、結構な金権政治が蔓延《はびこ》っていた。そこを浄化しろというので、武田信玄と武田の騎馬隊2万騎を、毎日毎日少しずつ浄化しました。

私と武田にはどのような関係があるのかを神に問うと、「額に傷が3つあるだろう。この3つの傷は誰がやったか思い出してみろ」と言われた。

思い返すと、全部、「武田」という名字なのです。「武田」の名前のついたヤツが私を押したり、いきなり後ろからヘッドロックをして、ひっくり返したりした。どうしてそこにつながるのかというと、「おまえがこの世に生まれてきて、武田信玄を浄化するということは、霊体たちはみんな知っている。だから、生まれたときから狙われていたのだ」という話です。

武田が滅亡したとき、落人はみんな八王子に来ました。

唯一残った松姫は、八王子でお寺の尼になったので、「松姫もなか」という八王子銘菓があります。また神奈川のほうは北条《ほうじょう》なので、一番弱い八王子に武田家の部下が逃げてきたという逸話もあります。

生まれる前からの因縁《いんねん》とはにわかに信じがたい話ではありましたが、これは筋が通っていると思いました。

そういえば、みんな武田君だった。それぞれ違う武田君ですが、私の小学校には「武田君」がいっぱいいたのです。これで信じるようになり、いろいろな本を読んで勉強をした。浄化もこそこそやっていたのです。

一旦は断った神様からの申し出

45歳のときに、「コニカミノルタを辞めて、こういうことを世の中に教える役をやらないか」と言われました。

私は浄化もできるし、霊体がいることもわかるけれども、「勘弁してください。そんな荒唐無稽なことはやりたくない」と断りました。

「自由意思なので、ほかを当たろう。君は今のまま会社で働きなさい」ということで、相変わらずちょろちょろと浄化をしながら会社員として働いていました。

今思えば、会社にいたときも霊能力をもう少し使えばよかったのですが、真面目なものですから、普通の能力を使って仕事をしていました。

研究所の所長として働いていた54歳のころ、仕事をしていると、急にまばゆい光とともに神様が降りてきました。

「申し訳ないが、やっぱりおまえに頼みたい。今度はノーという選択肢はない」と言われました。さらに「なぜかと言うと、君はこれから事業部長になる。たぶんつまらない仕事で全然向いていないし、やりたくないだろう。人事異動の発令はまもなくだが、それでいいのか？」と。

私は、事業はあまり好きではないし、研究のほうが面白いから、それは困ると思いましたが、その後、言われたとおりの人事異動が出て、社長から辞令をいただいた。当時の専務と合わなかったこともあり、神様に言われたように会社を辞め、この道に入ることを決断しました。

もともと私は、ずっと昔に小野篁《おののたかむら》の過去世がありました。小野篁はスピリチュアル貴族で、あの世とつながっていた人です。

小野篁とのつながりは実は不思議な話があって、私の弟子が京都にいるのですが、病気で調子が悪く、六道珍皇寺《ろくどうちんのうじ》の小野篁の立像にお祈りをすると、その像がしゃべったというのです。「私は飛沢という名前で八王子に生まれ変わっているので、そこに行きなさい。彼が治すだろう」と言われて、来たこともありました。私の住んでいる八王子は小野篁の孫がつくった町なので、とても縁が深いと後でわかりました。

そんなこんなで、私はこの道に入ることになったのです。

こうして自分はこの世界に入った！

会社員時代も、霊体はわかるし、憑依も取れる。アカシックレコードも、実はときどき見えていました。職場の女性と話しているときに「この人は昔、南米にいたみたいだ」と、その人の昔が見えることがある。あるいは、部下を連れて飲みに行くと、お店の店員さんの守護霊が見えて、「この子は金銭にルーズだから注意してあげて」などと声が聞こえるのです。

結局、この仕事を始めることになり、まず最初に業界についていろいろと調べてみましたが、いろいろな人が、いろいろなことをやっていてよくわからなかった。自分は霊体の浄化はできるけど、アカシックレコードについてはイマイチで、いつもそんなにコントロールがよくない。私は何をすべきか神様に聞くと、「全体像の説明と、アカシックレコードを読んだり、書き換えたりする役をやりなさい」と言われました。

では具体的に何をすればいいのか。

しばらく考えていると妻が、日本で一番と言われているアカシックレコーダーの講座を受けてみたらいいんじゃないかと考え、珍しく私に何も言わずに勝手にとあるスピリチュアル・リーダーの養成講座を予約していました。

実際に講座を受けはじめてみると、教え方があまり上手くない。アカシックレコードを読んで、「あなたはこうだった」という説明が、あまりにもいい加減でざっくりしているのです。この講座を受けたことで自信がつき、「これが業界でトップなら、私も十分やっていける」と確信しました。

上からは、「絶対に宗教団体をつくってはいけない、まず最初に会社をつくりなさい」と言われていました。55歳の誕生日を迎えた3月に早期退職、4月に会社をつくる申請をして、スピリチュアルやヒーリングなどを軸とする会社を6月1日に設立しました。

臼井甕男先生にレイキを教わる

その間も、例のスピリチュアル・リーダーの講座を受けてはいましたが、神様より「おまえはやっぱりレイキを教えたほうがいい」と言われ、知らない不思議なおじさんが出てくるようになりました。

彼は、「おまえ、レイキを知っているか」と問うのですが、そのときの私はレイキのことは知りませんでした。「ちゃんとしたレイキを私が教えてあげよう」と言うので、そのおじさんにレイキの基本を教わりました。

「あなたはどなたですか」と聞いても、「名乗るほどの者ではない」と謙遜して決して名乗らないのですが、このおじさんこそがレイキの開祖である臼井甕男《みかお》先生だったのです。

後に、「レイキはチャクラの開ける場所が1カ所しかなく、自分は開発の途中で命が尽きてしまった。そこで、どうしても最終形を君に教えたい。次元が高いから『高次元レイキ』と名前を変えてはどうだろう?」と提案され、「高次元レイキ」というカリキュラムをつくることにしました。

現代で教えるとすれば、「土曜と日曜日の丸2日をかけて、1日7時間、全14時間で全てを学べるカリキュラムにしないといけない」と言われていたのですが、私がパソコンで講座の資料を作成していると臼井先生が現れ、アドバイスをしながら一緒につくってくれました。こうして「高次元レイキ」という講座が出来上がっていきました。

今もこの講座は随時アップデートをしながら開講していますが、「高次元レイキ基本講座」を軸に、そこからヒーラーになる方法、天命天職へ導く技術、アカシックレコードをより極める講座、コミュニケーションに気のエネルギーを使う講座などがあります。

また基本講座では、家系の不浄霊の浄化なども全部セットでやってしまうのでかなりレベルが高く、受講した方は結構感動しますね。

この世界を知れば知るほど、家系の不浄霊の浄化にはすごくお金がかかりますし、また、取れたと言っても実は取り切れていないケースも多い。私は完璧に取る方法を教えてもらったので、まず家系の不浄霊を取って、高次元レイキを使う方法を教えています。

高次元レイキの基本

宇宙の中心、ビッグバンの中心から気のエネルギーがダーッと出ています。

自分の体の3カ所（頭頂部のチャクラ、胸のチャクラ、仙骨部のチャクラ）から気を入れて波動を上げることが、高次元レイキの基本です。

まず、宇宙の中心と人間の第7チャクラ（王冠のチャクラ）をつなぎます。

息を吸うときに気を流して丹田《たんでん》に取り入れ、息を吐くときに手足から気を抜くというのが普通のレイキですが、臼井先生は「これだと気の流れの停滞部分が出てしまうので、王冠のチャクラだけでなく、中《ちゅう》丹田というハートのチャクラに直接通して宇宙の中心、ビッグバンのエネルギーを全部持ってきます。さらにベースのチャクラを活性化すると、気が流れてグルグル回る」という方法を開発し、教えてくれました。繰り返しますが、「気の流れが3カ所から入る」というのが高次元レイキの基本となります。

普通のレイキを受けて全く何も感じない人でも、高次元レイキを受けると、3カ所から気が入るので波動が上がります。

「これまで何も感じなかったけれど、今回はわかりました」と体感してもらえます。このままずっと波動を上げていくと、途中にアカシックレコードがあるのです。

体の不調には出生の星のエネルギーをプラスしていく!

体の不調はどこから来るかというと、右の肩の上に乗っている霊的な影響は、父方の家系の未浄化霊です。

反対に、左の肩には母方の家系の未浄化霊が乗ります。

さらに過去世の影響というのもあり、人間の体はさまざまな霊的な影響を受けています。

家系の不浄霊があるとエネルギーが取られてしまうので、体の代謝《たいしゃ》が落ち、病気になってしまう。

例えば、私のところに来たがん患者には100%、家系の不浄霊が憑いていました。

家系の不浄霊がいなくてがんになっている人は、私はまだ見たことがありません。ほかにも妖怪や宇宙的な霊体などさまざまな霊体がいるので、体に現れる影響もいろいろなのです。

人間の魂の大きさはメジャーで測れる

人間の魂は二重構造になっていて、魂の大きさは、実はコンベックスやメジャーで測ることができます。

人間の魂はハートチャクラにあり、自分の出身の星のエネルギーを使っています。そして、太陽系のエネルギーの大きさで、その人の霊的幽体エネルギーの基本がだいたい決まってしまう。この大きさを測るとグラフが書けます。

グラフの横軸に人間の魂の直径（D）を10センチ、20センチ、30センチと取っていきますが、この世で普通に暮らしてOKなレベルは最低30センチくらいから。それ以上に大きければ全く問題はありません。

ところが、20センチくらいになるとNGレベルで、鬱《うつ》っぽい傾向が見られます。

10センチになると超NGで、引きこもりになるということがわかってきたのです。

人間の魂は不思議で、もともとは宇宙から来ているので、自分の故郷の星のエネルギーとつながっていれば元気でいられます。

気当てすると、銀河系から来ているとか、M11星雲から来ているとか出身がわかるのですが、遠い星の人は2013年以後のエネルギー場の変化によって、エネルギーが切れている人が多い。そこに、出生の星のエネルギーを足してあげると、魂がバーッと大きくなり回復します。

Chapter 2

［飛沢式で覗く宇宙の姿］アンドロメダか、銀河か⁉ 宇宙のどの星から来たのか⁈

調子の悪い人はすごく遠くの星から来ている⁉

私は実は宇宙人の話はあまり好きではなかったのですが、UFOを見るようになったり、いろんな人の星のエネルギーを見たりするようになって、調子の悪い人は銀河系ではなく、すごく遠くから来ている人が多いということがわかりました。

とくに芸能関係の人で、有名な俳優とかミュージシャン、また漫画家などはアンドロメダ（M31星雲）の出身が多い。アンドロメダは地球から50万光年も離れていて、太陽系の地球との間にあるブラックホールのようなエネルギーの強い場の影響によって、自分の星とのエネルギーが切れてしまいます。すると魂がギューッと小さくなってしまう。

先日、誰でも知っているくらいの有名な女優さんが来て、「これからドラマの撮影なんですけど、元気がないんです」と訴える。

見てみると、やはりM31星雲、アンドロメダ出身だったので、「これは元気がなくなるね。それでは少し足しますね」と、エネルギーを入れてあげたら、「この感じは何!?」と驚いた様子でしたが、その後の撮影では元気に演じられたそうです。

アルクトゥルスは比較的近いのでエネルギーが切れない!

魂は、完全に宇宙とつながっているということがわかりました。

いろいろな星から来ていますが、私のところには、どこの星から来たのかという出身を調べたデータがあります。

銀河系の出身者が多い中、芸能関係や変わったことをする人は、アンドロメダが多い。

また、銀河系の人はプレアデスのエネルギーを使っている人が多いです。

スピリチュアル系の人はシリウスです。プレアデスとシリウスと、両方欲しいと言っている人もいます。

私はアルクトゥルスで、太陽系の町会の理事みたいなものですね。

ちなみに、アルクトゥルスは比較的近いので、エネルギー切れはしません。

遠い星から来ている人は、何らかの役目があって、スカウトされて来た感じです。有名な漫画家とか、某劇団の主役とか、才能にあふれる、それに特化したような人はアンドロメダが多い印象です。

そして、遠い星の人は寂しい人が多い。

同じ星の人とは仲よくなれるのですが、遠い星の人は少ないから、なかなか友達ができない。「星のエネルギー」という不思議な世界があるのです。

星のエネルギーは第9チャクラで受け取っている

第7チャクラの上には第8チャクラ、その上には第9チャクラがあります。

星のエネルギーが足りなくて魂が小さくなっている人、例えば引きこもりの人などは、第9チャクラが活性化して、自分の星のエネルギーを探しに行く。

そのときに、そのエネルギーを感じ取って、昔の宇宙の仲間とか宇宙霊とか宇宙妖怪が瞬時に来てしまう。それで憑依されるとひどい鬱になりますが、憑依を取れば元気になるので安心してください。

ウォークインとワンダラーは憑依に見える⁉

私の見解では、「ウォークイン」は存在しないと考えています。

似たような現象があるので、それをウォークインと言っているだけで。定義の問題ではありますが、どちらかというと憑依に近いと思います。

ウォークインと憑依は違うと言う人もいますが、私が見ると憑依っぽいことが多い。

また、「ワンダラー」も、憑依に見えることがあります。

ウォークインは本当にあるのかもしれませんが、私はまだ見たことがありませんし、ウォークインと称する憑依があることは間違いありません。

ちなみに、自称「ウォークインされた人」は、変な人が多い。

「私のところに大宇宙連合の司令官がウォークインしてきた」と言う女性が、普通のOLだったりする。そんな大事な人だったら、もっと大変なことをしていそうですが少し怪しい。

またときどき、「僕はウォークインなんです」と電話をしてくる人もいますが、断るようにしています。

なぜかというと、こういう人は思い込みが強く、スピリチュアル・トゥー・マッチで、この世ではうまくいかないことが多い。

よくあるパターンは、「私には龍が憑いていて、すごいんです」と言うのですが、実際に見ると大して能力もない。確かに龍はいるのですが、龍に化けた霊体に憑依されているだけだったりします。

ただしこの憑依を取ってしまうと霊能力がなくなるので、「取っていいですか」と聞くと、大概は「イヤです」と言って帰ってしまう。

低級霊が憑依していて、一見、能力があるような人も結構いますが、本当の霊能力は憑依があってはいけないのです。

太陽系のまわりが強いプラズマエリアに……

魂にとって一番重要なのは、エネルギーがしっかりあることです。

エネルギーのサイズが30センチ以上あると、地球上での生活が安定しています。

鬱っぽくないし、自己肯定感もあります。

逆に、エネルギーが切れると魂が非常に小さくなって、自己否定型になる。

上の人に聞くと、とくに2013年からエネルギー場が変わりました。みずがめ座の時代となり、太陽系のまわりがものすごくプラズマエリアになって、ブラックホールが多いらしい。

日本はとくにそうですが、元気のない人が多いのはその影響です。自分の星とのコネクションが切れている人が多いのです。今、引きこもりの人が約70万人と言われていますが、120万人というデータもあります。

50代以上の引きこもりが多いのに驚きますが、星のエネルギーもとても重要なのです。

いろいろな星の円盤はかなり来ている

今、UFOもとてもたくさん来ています。

気当てをすると、異様な波動があります。

例えば、自分の出身の星が遠くのアンドロメダだと、その星の軍団の大きい宇宙船が来て、「うちの人たちは大丈夫かな」とみんなを見ているのです。

上部《うわべ》一馬《かずま》さんは「助けている」と書いていますが、実際に相当の数が来ています。

また、銀河系のUFOもときどきいます。

私が飛行機に乗っていたら、アルクトゥルスのＵＦＯが来ていました。通信というか、「大丈夫か？」とエネルギーが飛んで来ます。「いつもここにいて守っているからね」と言うので、「誰？」と聞いたら、「あなたの仲間だ」と。

地球にいるみなさんのまわりにはいろいろな星のＵＦＯが来ていて、見守っています。「アブダクション」は、幽体になってときどき宇宙人に連れて行かれることですが、落ち込んでいる人を引っ張ってあげているようです。

オーブの波動は宇宙人か妖精です

その場にいるみんなが楽しいと、写真に「オーブ」が写りますが、私の見解では、オーブの波動は宇宙人か妖精です。

次回地球に生まれるために、地球人の生活を見に来ている。

彼らもやっぱり楽しいのが好きなので、楽しいパーティーがあると、こんなのを食べて何が楽しいのかなとじっと見ているらしいのです。それを撮るときれいなオーブになる。

また、森の中でもオーブが写ります。

もともと妖精は自然の中で写るのですが、あとは楽しい波動を感じて写り込む。

人の魂部に気当てで妖精だったかどうか、それは「ヨーセイ反応です」と言うと、講演会でも結構ウケます（笑）。

私たちは全て宇宙から来ているので、宇宙人とのコネクションはものすごくあります。とにかく芸術系や他人と少し違うことをする人はアンドロメダが多い。

アンドロメダの人はみんな「他人と同じは嫌なのです」と言う。

きっとそういう人を地球にスカウトして、地球での文化活動やイノベーションをアンドロメダの人に頼んでいるのでしょう。

地球には、宇宙の星の全部の環境がある

私の研究会でも、この地球は今回が最後という人が1割くらいいます。

私の妻も、今回で地球は最後で、星に帰ると言う。

気当てをして魂に確認しても最後ということなので、本人も集大成の人生を送るためにいろいろな勉強をしています。なぜそんなに勉強するのかと聞くと、とにかくやれることを全部やってから帰りたい、と。そして、またいつか地球にやって来るのだと思います。

仏教で言うところの「畜生道」とか「輪廻転生」は暗い感じですが、あれはウソです。

ひどいカルマを残していなければ、いつでも帰れます。実体はもっと明るいのです。

ウォーターワールド出身者たち

なぜいろいろな星から地球に来るのか。

それは、地球には宇宙の星の全ての環境があるからだそうです。氷の世界、砂漠、緑のジャングル、海。動物も、宇宙にいる動物をモディファイして、少し変えたものが全部いる。

過去世を見ると、ウォーターワールドの星から来た人は、ずっと海沿いに生まれるし、イルカが大好き。イルカとクジラは彼らの乗り物であり、仲間なのです。

犬や馬よりもずっと近い存在。

イルカと一緒にドルフィンスイムとかをやっている人は、絶対にウォーターワールド出身で、過去世を見ると海沿いで暮らしています。

氷の星出身者たち

一方、氷の世界の星から来ると、シベリアや北極など、寒いところにばかり生まれています。

氷の星から来ている人は、映画「アナと雪の女王」が好きで、何回も観ているそうです。

先日、北海道から来た女性の出身星を見たら、とても寒い氷の世界でした。

もちろん「アナと雪の女王」も大好きで、一緒に歌ってしまう。

砂漠の星から来た人もいる

ほかには、砂漠から来た人もいます。私は自分の星がアルクトゥルスで砂漠なのですが、砂漠は暑いからあまり好きではありません。

一回行ってみましたが、暑くて大変でした。

空気はないし、持って行ったカメラがみんな溶けてしまいました。

砂漠出身の私は冬に弱いのですが、氷の星から来ている人は、本当に寒くても平気です。

フィンランドで犬ぞりに乗っているのは、氷の星から来ている人が多いといいます。


地球には、どこの星から転生するとしても、「ここだったら（自分の星に近いから）いい」という場所が必ずあります。

なので、地球に生まれるというと身構えるけれど、ＵＦＯに乗って視察に来て、ときどき小さいＵＦＯに乗り換えて家まで降りてきて、オブザベーション（観察）しているのです。

「それじゃあ、地球に生まれてみるか」という軽いノリで地球に来る人は結構いるようです。

Chapter 3
［飛沢式見えない世界の覗き方］妖怪は陰陽師が出現させたもの⁉

妖怪が暴れてます

地球には、いろんな霊体がいますが、今、妖怪が暴れています。

妖怪が取りつくと、足などがとても痛くなります。

実際に私が見てその憑依を取ると、すぐに治ります。

お医者さんも私のところに来ますが、彼らは医療知識があるので、どう見ても病気でないことはわかる。だけど、膝や肘は痛い。テニスエルボーでもない。私のところに来て妖怪を取ると、「あれ、治った」と驚きます。

もともと「妖怪」は陰陽師《おんみようじ》が出現させたもので、京都、大阪が発祥ですが、今は日本全国にいます。

一部の悪い陰陽師が妖怪をつくったのは、お金儲けのため。貴族同士が相手をやり込めるために、陰陽師に頼んで「式神《しきがみ》」をつくってライバルを殺す。呪いをかけられたライバルのところには、仲間の別の陰陽師が行ってブロックする。両取りです。

まるでロスチャイルドが戦争で両方から金を巻き上げるみたいなことをやっていたのです。

これがどんどん増えてしまった。妖怪はマイナス感情でどんどん増えるので、昔からの妖怪が悪さをしているのです。

人間も妖怪系の存在になってしまう場合があり、例えば、餓鬼はとても妖怪っぽいのですが、もとは人間です。

飢餓で死んだ人は食べたくて仕方がないので、人に取りつくと食欲がものすごく増えます。1日6食くらい食べる人もいて、先日訪ねて来た女性は、体重が1カ月で7キロ、2カ月で14キロふえて、おなかがパンパンになってしまった。苦しいけれども、どんどん食べてしまう。

マクドナルドの前を通ると入ってしまう。すき家の前を通ると牛丼を食べてしまう。だけど、胃はいつも苦しいのです。

憑依を取ると、途端に食欲がなくなりました。

妖怪が憑くと「痒《かゆ》くなる」のが基本です。

最近は痛い場合もありますが、異常に痒いのが妖怪に取りつかれたときの特徴です。

アトピーも「憑依」の場合が多く、もちろん食べ物による影響もありますが、憑依を取ることでよくなるケースも多々あります。

妖怪は式神でつくる⁉

妖怪をつくる方法はわかっているので、現代人もできなくはありませんが、普通の人間には無理でしょう。

なぜなら、残酷な話ですが、式神をつくるには犬を餓死させるのです。

犬を首だけ出して土の中に埋め、舌が届くちょっと先に餌を置いて餓死させる。そのまわりに人間を置いて、その怒りのエネルギー、つまり犬の怨念を人間に吸着させるのです。

また、人形にその人のエネルギーを転写するのはとても簡単です。

スピリチュアルドクターの橋本和哉先生が教えていますし、私もできます。例えば木の人形を買ってきたら、人のエネルギーを簡単に移せる。そのエネルギーを入れた人形を置いて、その上に式神を重ねると、その人はすごく重くて苦しくて、夜、寝られない。心臓がドキドキしてしまう。眠れないと人間はだいたい病気になります。心臓病とか鬱を発症したり、あるいは発狂したりする。

平安時代は発狂死が多かったのですが、これがそのやり方です。

酒がすごく好きなバッカス系の妖怪もいます。取りつかれると、酒を異常に飲みます。飲めなかった女の子が飲めるようになるケースは、ほとんど憑依です。

色情霊も結構います。色情霊が憑くと男は異常な性欲になる。女性も誰でもいいから抱いてほしい、となる。私のところに来るのはだいたいが女性です。もじもじしながら「恥ずかしいのですが、実は突然、性欲が強くなってしまいました」と言うのです。

霊体の影響は実に多岐にわたります。

ＵＦＯからは宇宙霊が来ている

あと、宇宙霊というのもありますね。ＵＦＯから来た宇宙霊を、地球で浄化しています。今、アセンションで地球のエネルギーが高くなっているので、宇宙の霊体を浄化するために、ＵＦＯが大阪周辺に降ろしている。地球の波動で宇宙霊を分解するのだと思います。遺跡があるところは、とくに円盤とのつながりが強いので要注意です。

現在、霊的に言えば、地球はものすごく汚れていて、３・５次元（現実社会と霊界の間）も崩壊しました。

本当は帰らなければいけないレムリア人、ムー、アトランティスの霊体も、地上に全部出ているので、お化けだらけと言えます。

逆に、地球の霊をＵＦＯに乗せて持って帰っている可能性もあります。

コロナ、米大統領選も、憑依による世界的な異常！

アメリカの大統領選挙も異常な状態になりましたが、今の日本もかなりおかしい。

この世界的な傾向は、憑依のためだと思います。この傾向が一定の時間続くと、憑依が浄化されます。私は今、大阪などを遠隔で一生懸命に浄化しています。

コロナもそれと関係があると思いますし、経済活動も狂っている。何もかもが変ですね。もともと令和の時代が始まったときに、「この令和はどういう時代ですか」と上に聞いたら、「悪が表面化し、わかりやすくなる時代だ」と言っていました。確かに、ものすごくわかりやすくなった。コロナもそうです。

でも、コロナはいいほうの意味もある。日本は守られているので、それほどひどくありませんんね。致死率もインフルエンザより低いのに、欧米ではかなりの方が亡くなっていま す。

これからさらに、いろいろな霊体の影響がものすごく出てくると思いますが、魂のサイズが大きい人は憑依されにくいので、魂を大きくしておくことはとても重要です。

Chapter 4
［飛沢式魂を大きくする！］憑依からの防衛方法

天命に気づくと魂が大きくなる

東経135度の淡路島の下には円盤の基地があり、辺り一帯にはものすごいエネルギーがあります。

やはりあそこがスタートで、ぐるっと回っている感じです。

「おまえはこれが足りないから読みなさい」と神様に言われて、『ガイアの法則』も『0フォース』も、もう一度、全部読みなおしました。

すると、私の知っている事象とかなり合致するので、やっぱりそうなんだなと確信しました。

自分は神様から聞いたわけですが、それでもダブルチェック、トリプルチェックをする必要はあります。

「科学的に」と言うと科学者に怒られるかもしれませんが、多面的に評価し、事実と思われることについて違う人が違う言葉で語っていれば凡《およ》そ正しいと考えています。

例えば私の場合は、霊体をチェックする際に、私と妻の両方で気当てをして、さらに第三者にもチェックをしてもらう。みんなで見られるようになると、先入観によって結果がズレることがありません。


霊体の憑依だけでも、本当に不思議なことがたくさんあります。

昨年は少し調子が悪かったのですが、年末から静岡にあるお化け屋敷みたいなところに浄化に行ったら、全軍攻撃のような感じで私に向かって来た。静岡はたいしたことはないだろうと思ったので、少し読みが甘かったですね。一応、カタはつきましたが、結構大変でした。

もともと人間は霊的な生き物ですから、あるとき、共鳴して波動が重なってしまうことがあります。なので、波動が低い人は憑依されやすい。

霊体の波動は低いので、高次元レイキで宇宙とつながって波動をガンと上げると、憑いた霊体を全て浄化できます。

もちろん、高次元レイキを受けても憑依される人はいます。ふだんの考え方が暗い人です。宇宙とつないでも魂が暗いので、そこをクリアにしないとダメなのです。

こうして霊体をはね返す！

基本的には、宇宙の星のエネルギーがぴったり合えば、波動が上がって魂のエネルギー場は70～80センチくらいまで大きくなります。あとは地球のため、宇宙のためと強く思うと、魂のサイズは無限大になります。「思考」がものすごく影響するんですね。60～70センチあったら、ほぼ憑依は受けません。エネルギーが十分にあるので霊体をはね返すことができるのです。

典型的な例は、私のところにときどき来る会社の社長さんで、自分の会社の利益を追求しはじめるとエネルギーが小さくなってしまい、憑依されやすくなる。意外と単純な仕組みです。

欧米は「自分のため」という人ばかりですが、これからの時代は、社会のため、みんなが幸せになるためという方向にエネルギーを持っていかないとダメなのです。自分の使命や天命に気づくと、魂は大きくなります。魂の大きさは非常に重要です。

魂を大きくするにはマインドも重要です。とくに過去にあったマイナスの思いを捨てないといけません。

トラウマみたいなものをハートのチャクラから出す方法があるので、それを高次元レイキ講座で教えています。

捨てれば捨てるほど、魂はどんどん軽くなります。

例えば幼少のころ、お父さんにすごくいじめられ、成績が悪いことをなじられたとします。ケンカをしたという嫌な思い出を、全て思い出して捨てる。

自分の魂の中に波動として入っているマイナスのエネルギーを全部捨てる。

最終的には、「今までの人生で出会った全ての人が、自分の味方だ」と思えるようになることです。

「ああ、あいつは僕を崖から突き落としたけれど、そのおかげで自分をこの世界に導いてくれたのだから、武田君、ありがとう」と思えるようにならないといけないのです。

それができると、魂が軽くなり、サイズアップできる可能性が高くなります。

霊体とは波動を合わせるように……

霊界は、エネルギーの場みたいなものですから、狭まったり広くなったりするというような3次元的な物理的な広さはあまり関係ありません。波動の問題です。人間にはイメージしづらいかもしれません。

どこにいるかというと、ここにもいるし、あそこにもいる。多次元の不思議な世界です。ただ、今は地球のエネルギーがかなり上昇しているので、エネルギーの低い存在は地球にいづらいかもしれません。霊体は波動が低いのですが、人間でも低い人がたくさんいます。

とにかく波動を上げないと、お化けの類《たぐい》と一緒になって共鳴してしまう。

地球に住みづらくなってしまいます。

過去世の書き換えと浄化

地球に生まれた人間は、みんな輪廻転生してきています。

私はこれまでに400人くらいの過去世を見ていますが、だいたい5代さかのぼって見ます。その人には過去に何があって、どう生きたかというのを全部見ると、今世の人生の課題がわかるのです。それがすごく面白い。

一昨日、やって来た女性は緑内障でした。

体自身は緑内障っぽい感じはしないのですが、過去世を調べてみると、2代前に、自分の不注意によって子どもが囲炉裏の中に落ちて失明してしまった。

それがものすごく自分の魂のトラウマになっていて、自分の目が見えるということに罪悪感を持っている。

なので、その過去の出来事をアカシックレコード上で書き換えてあげました。

2013年以降は、過去世を書き換えることができるのです。

死んでも成仏できない人

死んでも成仏できない人もたくさんいます。

幽界をさまよっていて、霊界にたどり着けない。これは何かこだわりがあるので、クリーンな感じですっきり行くことができない。心残りともいいます。

3年ほど前、神戸の女性が訪ねて来ました。

お母様は施設に入っていて、お父様が突然亡くなられた。娘さん2人はすでに嫁いでいて実家には誰もいないのですが、実家に行くと仏壇がガタガタと動く。お父さんの位牌《いはい》が揺れるのだそうです。

最初は腰を抜かして、すぐに逃げ出しましたが、もう一回行ってみてもまたガタガタと揺れる。「お父さん」と呼びかけると、さらにガタガタする。誰か見てくれる人をいろいろ調べて私に行き着き、「お父さん、飛沢先生という方のところへ行ってみるからね」と言うと、ピタッと止まったというのです。

面白かったのは、女性がその位牌の話をしはじめたら、施術室のドアがトントンとノックされた音がする。うちの妻かなと思ったら、なんとお父さんの霊体がやって来たのです。映画の「プレデター」みたいに、本当にぼやっと見える感じでしたが、ミシッミシッと足音も聞こえる。娘さんが「あっ、父だ」と言うと、お父さんは私の前に立ちました。

「お父さん、成仏されていないのですね。どうされたのですか？」と対話を始めると、はっきり聞こえる声でしゃべり出すのです。

「実は、私は急に死んだのですが、妻のために5000万円のお金を貯めていた。それが次女の手に渡ってしまい、彼女が心酔する宗教団体に、今まさにお金を寄進しようとしている。これを止めない限り、私は死んでも死に切れない。大事な妻のために残したお金なのに」と。

女性にお父さんのメッセージを伝えると、「そのとおりなんです」と、ワーッと泣きはじめた。「しっかりしないとダメだよ。お父さんはこの件で成仏できないのだから、何とかしなさい。お父さん、これでいいですか？」と言うと、「もうこれで心残りはありません。上から応援しています」と、スーッと魂が上がっていきました。

人間が死ぬと、瞬間的に未来が全部見えます。

この先、どういう未来になるのか、誰がどんなことを考えているか、全てわかる。お父さんが亡くなったとき、長女が通帳を持っていたけれど、こんな大金を持っているのが嫌だから妹に渡してしまおうと考えていた。お父さんはそれが全部わかってしまったのです。結果的にお金は半分くらいしか戻ってきませんでしたが、お父さんとしては心残りを伝えられて成仏できたのだからよかったと思います。

臨死体験者がみんな言うことですが、死ぬ間際や死んだ直後には不思議な話がいっぱいあります。思いが強ければ強いほど、物理的にモノを動かします。霊体が必死にエネルギーを出して何かを伝えようとするのです。

波動を下げると霊体が見える

普通の人間と全く変わらないような物質化した幽霊もいますが、多くはありません。少なくとも、私はあまり見ていません。

ただ、人間の視覚はコントロール可能なので、見えるようにもできる。実は、霊体を見たかったら、自分の波動を下げるのが一番です。

今は3次元なので、基本的には普通の人は3次元で生きていますが、波動を2・5次元くらいに下げると霊体をすごく見るようになります。自分で下げなくても、憑依を受けるとそのくらいまで下がります。

私もたくさん憑依されたときは、霊体が数限りないほど見えましたが、霊体がよく見えるというのは、実はあまりいいことではないのです。

ほかにも波動を下げる方法はいろいろあります。

例えば、妖怪百物語といって、お化けのテレビとかを見ると、だんだん怖くなってくるでしょう。怖いというのは「恐れ」。とても波動が下がるのです。すると、霊体が見えたりします。

人間はお化けの話を聞くと、気を出してブロックしようとするので、気のエネルギーが足りなくなって体が冷えてきます。夏にお化けの話をするのは、そのためなのです。なお、霊体が近寄って来ても、寒くなります。これは、霊体が人間の気を吸っているからです。

ちなみに、以前、東北の浄化に行く機会がありましたが、浄化するときも体がとても冷えるので、真夏に行ったくらいなのです。

霊体がよく見えるということは、波動が下がっているか、下げている状態です。例えばイタコは、わざと波動を下げ、憑依されてその霊体のメッセージを伝える。必ず横にもう一人の人間がいて、終わったらポンと叩いて次元を戻してあげるのですが、これに失敗すると、ずっと憑依されたままになってしまいます。

一方で、高次元存在の霊体を呼んで降ろしてくると、部屋の中がものすごく暖かくなります。自分の次元が高いときは、高次元の霊体も見ることができます。

高次元レイキの講座を受けた直後は参加者の波動が上がりますので、霊体をさわるとビリビリくるのがわかる。霊体は見えないことが多いのですが、感じることはできます。

私もサードアイで見えるので、浄化しているときにその霊の姿が現れるのですが、後に自分の波動を上げて浄化するということをやっています。

武田信玄の依頼

私が以前、武田信玄を浄化したことは先述したとおりですが、それ以降、仲よくなり2年に1度くらいやって来ます。

信玄はダークサイドに落ちて兄弟殺しをしたり、魔が憑いたりしていましたが、もともとは霊格が高く、今は改心しています。

だいたい朝の4～5時ころに降りて来るのですが、「飛沢殿、失礼つかまつる。ここにいる武田勝頼の願いを聞いてくださいい」と客人を連れてきたことがありました。「実は、私が最後に腹を切って死んだとき、仕えてくれた部下が3人いたのですが、まだ上がってこない。ぜひその3人を浄化して欲しい。かの者たちと一緒に暮らしたい」と言うのです。

武田家終焉の寺を調べると勝頼が死んだ石というのがあったので、訪ねて行った。ただの無縁仏のような石があるだけなのですが、実はそれこそが、みんなが勝頼を裏切る中で、最後まで仕えた3人の男たちが眠っている墓でした。

妻と一緒に線香を立て、日本酒をまいて、エネルギーを地面に入れてあげたら、3人とも上がっていくのが見えた。「ありがとう」と喜びのエネルギーが来るので、妻は泣いていました。

その後日談がまたすごいのです。翌朝、目が覚めると、その3人が甲冑《かっちゅう》を着て降りてきた。「勝頼殿に会えて、私たちは最高に幸せなときを過ごしております。つきましては、ぜひご恩返しをしたい。今日、飛沢殿は東京に戻られると聞きましたので、ぜひ一日護衛させていただきたい」と言い、ずっとついてくるのです。山手線も一緒に乗ってくる。カチャカチャと音がして、私にはずっとその姿が見えていました。

「申し訳ないが、この時代はとても安全だから」と言っても、「いや、油断めさるな」と漫画のようなやり取り。昔の武士は本当に律儀なのです。

私は勝頼に興味を持ち、いろいろと調べてみました。

歴史上、無能呼ばわりされていますが、全然そんなことはありません。戦《いくさ》も強かったのですが、時代のズレがあった。武田家は魔が憑いてしまったので、神様としては徳川の流れをつくりたかったので、上杉謙信を置いて、武田が上洛しないように川中島でずっと引っ張った。歴史上、苦労したというのです。

私は、過去世で上杉謙信の護衛隊長をやっていたので、武田とは犬猿の仲なのですが、今は仲よしで、山梨に行っても安全です。

ただし、上杉軍の一員だったので、織田方に行くと織田の兵隊がやって来て、斬りかかってくる。富山にいる友人を訪ね、富山城の前にある居酒屋で飲んでいると、兵隊がいっぱい来て、いきなり槍でブスッと刺されたりする。結構痛いのです。

霊体に聞くと、過去世が私に重なって見えるのだそうです。

つまり、私が歩いていると、上杉の武将が歩いているように見えるというわけ。

後日調べてみると、富山城は上杉と織田が3回くらい取ったり取られたりしている激戦地だったそうです。お城には、今でも霊がたくさんいるのです。

Chapter 5

［飛沢式地球輪廻転生］多くの事例を見て来た！

1代前はドイツ人でした

お化けの話に特化するとグロテスクな話になってしまうので、宇宙全体の話をしましょう。

我々は宇宙から来て、地球で輪廻転生している最中に、地球の中で生まれ変わりを経て、いろんな経験をしてマイナスのカルマが強くなければ、また宇宙に帰れる。これが全体のストーリーです。

自分が来た星と関係のあるところに生まれるパターンが多いのです。

日本に生まれている人、とくに私たちの世代の1代前の過去世は、第2次世界大戦で亡くなった人が多い。平和を求めて日本に来たのです。

よく日本は平和ボケと言われますが、もともと平和にどっぷりつかりたい人たちが集まっているので、いい魂が多いのです。

私は技術系の人間ですが、1代前はドイツにいました。調べてみると、私以外にも第2次世界大戦のころにドイツで技術屋をやっていた人が、日本に生まれたケースが結構多い。自分たちの技術を、日本で平和利用したいのだと思います。

スピリチュアルでは有名な『黎明』を書かれた永留祥男《ながとめあきお》さん（ペンネームは葦原瑞穂という、すてきな日本女性のような名前ですが、むさいオジサンです）と一緒に、富山に旅行に行ったことがあるのですが、彼と会った瞬間に、過去世はドイツで一緒だったとわかりました。

私は当時、BMWという会社で飛行機をつくっていた。第2次世界大戦でナチスが非常時動員態勢となって、一般企業も兵器開発に駆り出され、いつの間にか軍服を着て、ナチスの空軍省で戦闘機をつくるはめになった。

メッサーシュミット社のジェット戦闘機を設計していましたが、そこに永留さんもいて、円盤とかV2号とか、とんでもないことをずっとやっていました。あの世代はドイツにいた人がものすごく多い。だから、ヒトラーと聞くと、ものすごくドキッとするのです。

私は、自分の過去世を相当細かく見ましたが、ヒトラー暗殺計画にも参加しており、捕まりそうになったこともある。「オペラに行ったチケットをあげるから、この会合のときは奥さんとオペラに行ったことにしなさい」と言って助けてくれた人がいたため、命は助かりました。

実は、その助けてくれた男が、今世では中学校の同級生として現れた。助けてもらった恩があるので、今世では私が助けなきゃいけないと思っています。

余談ですが、名古屋の一部上場企業の専務で、公認会計士の女性がいます。有名でとてもカッコいい方ですが、過去世を見たら、1代前がゲシュタポで、当時会ったことがある。その女性も、「飛沢先生の写真を見た瞬間に、何となく感じた」と言っていましたが、危なく捕まるところだった。過去世は面白いです。

過去世を知ると今世がわかる

過去を知ると、「だからこうなのだ」と、今世の自分自身がすごくよくわかります。

人生は、思いがけずこうなってしまった、ああなってしまったと、やり切れないことがたくさんあります。誰もが、変な風に生きようとは思っていないのに、変わっていってしまうことが結構あるのです。

ですが、過去世を理解するとその中に気持ちが入っているので、そのパッションはずっと残っているはずです。7割くらいの人は過去から持ってきた使命やカルマにそって生きていますが、ただ、その中にも自覚（セルフコンフィデンス）が足りず、やり切れていない思いを持つ人がいます。

今、日本でバリバリ仕事をしている女性は、1代前を見ると軍人だった人が多い。

先日、大手商社のキャリアウーマンが私のところに来ました。「体の具合は悪くないのですが、だらしない男性を見ると殴りたくなる。この衝動が止められなくて、いろいろなカウンセリングを受けましたが、全くしっくりこない。しようもないことを言う男を見ると許せないんです」と言う。

過去を見ると、1代前は空母「赤城」に乗っている零戦の戦闘隊長で、ミッドウェー海戦で戦死していました。

部下が言うことを聞かないと、「歯を食いしばれ！　みんな命をかけているのだから、手を抜くな」と言って殴っていた。

その話を伝えると、泣き出してしまった。思い当たることがあり、映画の『永遠の0』が大好きで、主人公の生き方に涙が止まらなかったのだと言います。

あの映画のすごいところは、ＣＧでできた「赤城」の甲板に「ア」と書いてあって、そこまで繊細に映像化している映画はあまりない。戦闘機は「ア」を目指して「赤城」に帰る。その女の人は、ＤＶＤを買って10回見たと言っていました。

もう一人のキャリアウーマンは、１代前の過去世は東條英機の右腕だった。『日本のいちばん長い日』とか、あの手の映画は全部見ていて、とくに終戦を迎えるあたりがものすごく好きなのだそう。玉音放送を隠したとかなんとか、あの騒動のゴタゴタの渦中にいたようです。そういう面白い話はほかにもたくさんありますね。

アカシックレコードで見た「未来」はどんどん変えられる

アカシックレコードでは未来も見えるのですが、未来は結構変わります。

２０１７年、実は東京に地震が来るはずでした。ずっと反応が出ていましたが、北朝鮮が水爆実験を行ったときに、反応がなくなってしまった。その翌日、メキシコでマグニチュード８くらいの地震が起こったことを考えると、エネルギーが抜けてしまったようなのです。

未来はどんどん変えられます。アメリカ大統領選も、私のリーディングではトランプが当選するはずでしたが、当選しなかったことで逆に内部のひどい部分が顕《あらわ》になったので、よかったような気もします。

日本は神の国なので、エネルギーがずいぶん集まって来ていて、とても守られている。優秀な人も相当集まっているので、今後、とくに女性がもっと活躍できると思います。

今の日本の女性は、前世でドイツの軍人をやっていたり、日本の陸軍とか海軍の中枢部にいたりした人が多く、平和な日本が好きだから、戦後、もう一回頑張りたいやる気があるし、「私が責任をとります」と言う人が多いですね。これからは能力のある女性をうまく活用することです。

一方、男性の1代前は女性である場合が多いので、意外と女っぽい性質を持ったまま生まれてきている。

自信がない、危ないことはしたくない、責任をとれない。これが今の日本の男性の実情です。

やり直しにならないためには、親子関係がすごく重要！

自分自身をよく知って、リアルワールドで貢献するためには、とくに親子関係は重要です。親の最期に「おまえが子どもでよかった」と必ず言われるようにする。そうしないと、生まれ変わってもう一度やらなければいけないのです。「おまえがいてよかった」と言われたら、ゲームなら1面クリアです。

私の父親は、去年94歳で亡くなりました。その1カ月前まで自転車に乗っていましたが死ぬことはわかっていましたし、気のOーリングで見た時期と合致していました。

近くの病院に入院したので、毎日お見舞いに行きました。すると、「誠一、この病院はおかしい。天井が降りてくるんだ」と言う。死ぬ直前だったので、幽体離脱していたんですね。「この前、寝ていたら家に帰ったんだ。おまえたちもいたなあ」と言っていました。「私が死んでも、近所には伏せておけ」と武田信玄みたいなことを言っていたので、誰にも言いませんでした。1週間くらい経ったころ、弟子の女性から、「先生のお父様という方が私のところに来ました」とメッセンジャーが来た。彼女は父はまだ生きていると思っているので、実は亡くなったことを初めて知らせました。

どんな格好をしていたかと聞くと、35～36歳に見えて、茶色のセーターを着ていたと。うちの父はそのくらいの年齢のころが一番男前でカッコよかったし、茶色のセーターが好きだったので、うちの父親だとすぐにわかった。

人間が死ぬと、自分が一番イケていたころの感じになる。女性も男性も、自分の好きだったころの自分の姿になるのです。

父が「実は息子に言い忘れたことがあるから伝えてほしい」とやってきた際に、彼女に託した最後のメッセージは、「おまえは学校でも会社でも優秀な息子で、私は誇りを持っていた」という言葉でした。確かに、そういうことは一度も私には言わなかった。

今はもう降りてきませんが、お通夜のときには私と話をしました。

父親は私のやっていることをよく知らなかったので、「おまえは私が思っていたより大切な人間だったんだな」と言っていました。

死ぬと1回上がるのですが、その後、もう一度降りてくる。だいたいお通夜で降りてきて終わり。告別式にはもういませんし、四十九日は全然関係ありません。

位牌にはエネルギーが入らない⁉

うちのお寺のお坊さんは仏教大学の先生なので、私と2人で、よくスピリチュアルの話で盛り上がります。お葬式で、「これからお父さんの魂をこのお位牌に入れます」と言うけれど、気当てすると入っていない。位牌にはエネルギーは入っていないのです。

そのお坊さんも言っていましたが、今後10年か20年で仏教はすごく変わる。

少子化でお墓が維持できないので、お寺も今のような生業《なりわい》ではやっていけない。

かと言って、「千の風になって」という歌にあるように、魂はお墓にいるわけがない。すぐにパーッと上がるということがバレてしまったのですから。

亡くなった人の魂は、とてもきれいなガラス張りの階段を上がっていく。上がっているときには、地球が見えます。「うわっ、すごい。浮いている！」という感じです。意識を向けると、地上にいる人たちが何を考えているかも全部わかるそうです。

霊界にいる人たちも、実は未来が見えるのですが、それを人間に言ってはいけないというルールがあります。

私の友人で、肺がんで亡くなった女性が、3・11の1週間前に私のところに来ました。肺がんだったのでずいぶん苦しんだのですが、「こっちはすごく楽だし、きれいで最高だよ」と言う。何をしに来たのか聞くと、「これから大変なことが起こるのだけど、みんながんばれるか心配で…でもルールで言えない」と口ごもっていました。彼女のおかげで、何か大きな出来事が起こるというメッセージを、私は震災の1週間前に受け取っていましたが、他にもわかっていた人が結構いたようです。日本人は耐え忍ぶ国民なので、みんなよく耐えましたね。

Chapter 6
やはり、日本人がすごい！

憑依霊の浄化こそがファーストミッション

日本もよくならないといけないので、まずみなさんの憑依霊を取って、魂を大きくし、波動を上げて元気になって欲しい。憑依のない人は2割くらい、実に8割くらいの人は何かしらの憑依があります。

波動を上げると、守護霊団のメッセージを受けとれるようになります。

アカシックレコード的に言うと、もともと「今世はこんな風になる」という青写真はあるのですが、常に変えることができる。上から高い波動で「その道を左に曲がれ。左に曲がったら結婚相手と会うよ」とメッセージを一生懸命送っているのに、右に曲がってしまう。

そうすると、上は、「あー、参ったな。もう一回やり直しだ」とがっかり。でも、面倒見はものすごくいいのです。波動が高くなると、彼らのメッセージを受け取りやすくなるので、うまくいっている人は波動が高いのです。怒っている人はダメです。

自分は「今世ではこういうことをやる」と、あるべき姿は決めているのですが、未来はどんどん変わっていきます。

瞬間的に、高速ウルトラスーパー量子コンピュータみたいに未来が計算されている。カルマを消すために、「本来はここに来るはずが、何かしらの事情により来られない」となると、そこで瞬時に全てが書き換えられ、つじつまが合うように計算されているのです。

私が最初にこの世界に入ったとき、とにかく憑依霊を浄化してくれと神様に言われました。憑依があると計画がズレていきます。活躍すべき人が病気になって死んでしまったりする。

だから、憑依霊の浄化がファーストミッションなのです。

秋葉原にトラックで侵入して人をはね、ナイフで何人も殺傷した通り魔事件がありましたが、この事件を例にとって説明を受けました。

犯人は憑依されている人だから、殺人事件が起こる可能性が高く、ある人がその現場に向かっていて、このまま行くと事件に遭ってしまうところでしたが、その人が急に腹痛を起こしてトイレに行くという事態が起こりました。病気は簡単にコントロールできるのだそうです。

そのようにして未来の危機を避けたり、オーバーワークでこのままいくと心臓病や脳溢血で死んでしまう人を、別な病気を発症させて休ませたりすることができる。

神様のメッセージであると考え、病気になって悔しいとは思わないほうがいい。急な腹痛とか頭痛は、オーバーワークを防ぐための気づきです。

突然死として命を終わらせることも簡単にできる。

「強制終了」と言うらしいですが、この人はどうもズレてしまったので、このまま行くとカルマが重くなるという場合は、そろそろ強制終了しましょうと、あるとき突然、死んでしまう。「この間まで元気だったのに…」ということは結構ありますよね。

淡路島が地球の文明のスタート

地球の文明は、おのころ島の淡路島がもともとのスタートです。

淡路島にはユダヤ人が上陸した跡もあります。

世界の文化のスタートの地であり、今また戻ってきているということは、最後は日本人に託されているのです。

まず、日本人には宗教的な縛りがありません。本来、宗教は要らないのです。共産主義が言っているのとは逆で、全員がスピリチュアルな目覚めができると宗教は要らない。そこに持っていきたいわけです。

宗教の教義は教祖の教義なので、それを全員が信じなければいけないのは間違っています。

それをうまく説明できて、理解できるのは日本人だけ。まず、輪廻転生を信じている。キリスト教圏の人はみんな、リインカーネーションを信じません。なぜかというと、聖書に書いていないからです。だから否定もしていないと思える人は、まだいいほうです。

エドガー・ケーシーも、すごく悩んだと言っています。彼もアカシックレコードに行くと、生まれ変わりを見てしまうわけですが、自国でそれを言うと異端として扱われる。だから、すごく苦労していた。

生まれ変わりを一番信じるのは、何といっても日本人です。

私も欧米人とも話をしましたが、全くダメです。怒ってしまったりする。

人間は全体の宇宙から来るとか、UFOのこととか、全く理解できません（でも、アメリカでは、宇宙人と契約して技術をもらったという話もあって、宇宙テクノロジーを持っているからアメリカは無敵だと言っていましたが、それも確かにあるかもしれません）。

そして、核戦争も起こりません。そう言うと、みんなが安心してしまうので問題もありますが、『黎明』の永留さんが言うには、必ず高次元の介入があるし、ＩＣＢＭで爆発がセットされている核弾頭が飛んだら、インドのグルが落とす、と。ＩＣＢＭが発射されても、途中で消えてしまうし、原爆も東京には落とされなかった。

不思議な話ですが、天皇陛下が消したという説もあります。

ちなみに、宮内庁にはものすごい方がたくさんいます。私の家の近所にある多摩御陵（武蔵陵墓地）は、めちゃくちゃ波動がいい。あの場所を選べるとはたいした人です。

今、平成天皇が入る墓をつくっていますが、あそこは伊勢神宮の内宮と同じように、地面に気がスーッと降りてくるのです。

日本に新型コロナウイルスの抗体エネルギーを降ろしている⁉

私は現在、日本に新型コロナウイルスの抗体エネルギーを降ろしています。

新型コロナウイルスの抗体エネルギーを宇宙の中心から持ってきて、感染者に気のチューブで入れると結構な確率で治ります。Ｚｏｏｍでの遠隔治療でもお医者さんを２人くらい治しました。

ですが、私が気当てしたところ、今は新型コロナウイルスの反応は感じられない。昨年2020年の3～4月ころは強い反応があったのですが、今はない感じがします。

ときどき、空中に新型コロナウイルスのエネルギーがありますが、感染経路もはっきりしない。私はケムトレイルが怪しいと思っていて、誰かが地球規模でひそかにまいているのではないか、と。武田邦彦さんは、「飲食ではうつっていないし、4割ぐらいが家庭内感染であるというデータがある、取り箸を替えれば大丈夫」と言っていました。彼は推定では言いません。

例えばインフルエンザB型も、何人ものスピリチュアルドクターが、絶対に人工物だと言っています。Aは天然ですが、Bは必ず散布されています。

冬場に屋根に気を当てると、インフルBの反応が出る日がある。そんな日は妻も、「今日はまかれているから、外で何かしないほうがいいわね」と言います。

ウイルスは憑依でもある⁉

ウイルスと憑依は関係があります。

知人のドクターで、バイ・ディジタルO－リングテスト（BDORT）の達人がいて、一緒に同じ患者を診ています。人によって、カンジダ菌と共鳴していたり、ノロウイルスと共鳴していたりします。

共鳴していると、ウイルスを体内に呼び込んでしまいます。会社の同僚や友人みんなと同じものを食べても、その人だけ病気になってしまうのです。

また、恐怖心があると波動が下がってしまうので、とても共鳴しやすくなります。新型コロナウイルスもおびえればおびえるほど共鳴して呼び寄せてしまう。「コロナ？　たいしたことねえじゃねえか。どこにいるんだよ、八つぁんよ」という感じだと大丈夫なんです（笑）。

ウイルスに対しては、「エネルギーカット」というテクニックがあるので、講座で教えています。例えば、多くの人が帯状疱疹ウイルスを持っています。

疲れたときなど、帯状疱疹ウイルスが広範囲に広がって悪さをする。帯状疱疹ウイルスは宇宙の中心とエネルギーでつながっているので、このエネルギーラインをカットする。まだ病気にはなっていないけれども疲れているという人も、手でエネルギーをカットすると、肩がだいぶ軽い感じになります。

この前も、東京の内科医からメールが来て、「帯状疱疹になって、目がおかしい」と言うので、エネルギーカットをしたらすぐによくなりましたが、帯状疱疹ウイルスの影響はさまざまな症状として現れます。

また、インフルエンザウイルスも、新型コロナウイルスも、全てエネルギーカットでよくなりますが、中には風邪っぽい症状でも、ウイルスでないものもあります（コロナもがんも、全部気当てで結果が出ます）。それは結局、体を休めなさいという上からのメッセージなのです。

自殺について、霊界のゲートキーパーに頼みごと⁉

自殺者は地縛霊《じばくれい》になると言われていますが、「反省部屋」に来るのが基本です。駅などでさまよっている霊もありますが、ほかの人には見えません。

以前、私の知人が自殺しました。霊界のゲートキーパー（昔の閻魔《えんま》大王）にお願いすると会わせてくれるので、寝る前に「あいつにちょっと会いたいな」と名前を言ったら、「わかった。じゃあ、明朝に」ということで朝4時くらいに、足をポンと蹴って起こされました。閻魔大王は結構乱暴なのです。面会時間は5分間だけ。

私は彼に今どこにいるのかと聞くと、「不思議なんだけど、練炭自殺した車の中にいるんだ」と言う。「自殺してよかったと思うか」と問えば、「それしかなかった。ベストの解がこれだった」と。彼は自分の会社の駐車場に自分の車を停めて練炭自殺をし、当時、会社は大騒ぎだったそうです。正直私は、ちっとも進歩していないなと思いました。

東大出の優秀な人間でしたが、考え方が固着していた。当時、彼は開発から営業に異動したのですが、彼は左遷されたと思っていた。

実は将来、彼を社長にするためにいろいろな職種を経験させたいというのが異動の理由だったらしいのですが、彼の思い込みと行き違いによって残念な結果になってしまった。

そして彼が言うには、ずっと練炭自殺の車内にいる間、定期的に声が聞こえるのだそうです。

「自殺してよかったですか？　それしかなかったのですか？」と。

彼が「はい」と答えると、「それでは、まだそこにいてください」と言われる。

私はゲートキーパーに、どうしたら車の中から出られるのかと聞いたら、「自殺は失敗だった。間違っていた」と考え直せばいいだけだ、と。

彼の自殺は、警察が驚くほど、完璧な準備のもとに実行されていました。

資産は全部奥さんに渡し、会社の仕事も荷物も全て整理して、用意周到というか、何も困らないようにきっちりやっていたそうです。彼は頭がいいものだから、考えて考え抜いた結果が「完璧な自殺」だったのですが、こういう間違いに陥って自死を選ぶ人は多い。何があっても自殺はいけない。本来、別のアンサーがあるはずです。

実は私は彼の生前に、一度、相談を受けたことがあり、いろいろ悩んでいたことは知っていました。奥さんともうまくいかないとか、営業にも向いていないので会社も辛かったと言うのです。

でも、開発という業務においても、私に言わせるとちょっと発想が固い。話を聞いているとフレキシビリティーがないので、飛躍することができない感じでした。彼はとても優秀でしたが、研究をマネジメントするのはすごく難しいと感じていましたし、営業も人が相手なので難しいでしょう。

早く彼が自分の間違いに気がついて、車の中から出てこられるとよいのですが。

ＵＦＯは地上に霊体を降ろしている⁉

ＵＦＯと霊体と病気には、相関関係があります。

新潟にいる内科医の弟子が、毎日、定点観測をしています。今日はＵＦＯがいるとか、天気は大荒れとか、内科に検診に来た人たちの憑依は何％とか、３カ月くらい調べて、データを取ってくれました。

嵐のような日は、UFOがとてもたくさんいます。憑依の患者もふだんは4～5割くらいですが、7割くらいに増加します。

UFOが出るときには、なぜか憑依霊も多い。

そのデータを見ると、どうやら浄化のために、UFOが霊体を地球に降ろしている可能性が高い。

私は大阪の八尾《やお》に行ってずいぶん見ましたが、交差点によっては、UFOからエネルギーラインが降りてきて、霊体がバーッと降りているところがあるのです。遺跡があるところは、とくに円盤とのコネクションラインがすごく強いと言われています。

関西では、八尾市とか池田市など、もともと遺跡が多いエリアですが、八尾が一番すごいらしい。駅や地下鉄、歩道橋などをつくるときに、どこを掘っても遺跡が出てしまうので、見なかったことにしてつくるらしい、という噂があるほどです。

八尾は、生駒《いこま》山を挟んで、奈良の反対側に位置します。奈良は霊的には聖地と言えるし、八尾は遺跡も多く、縄文時代に円盤とのコンタクトが頻繁に行われていたと見られています。

霊体を物質化するにはものすごい量のエネルギーが必要です。円盤を見えるように物質化するときに、エネルギーをすごく上げるのだそうです。飛ぶエネルギーも全部使って物質化してまで、わざわざみんなに見せる必要があるのです。

中国人は日本に来ると浄化されて体が軽くなります

インバウンドブームで日本に外国人がたくさん来ていたころは、中国や東南アジアの人たちが神社などで霊体を降ろしていました。

例えば富士山の浅間《せんげん》神社に中国人の団体がバス3台ぐらいでやって来ると、参道を霊体がすごい勢いで流れていって、浅間神社の奥の一番のエネルギースポットで浄化されていました。それは中国人の霊体です。

中国人が日本に来ると、浄化されて体が軽くなるので人気があるのです。

日本は、神社仏閣の霊的なエネルギーが強いので、どれだけ浄化しても、また宇宙からエネルギーが来る。エネルギーが汚れるということがありません。

宇宙霊には、ご用心！

なお、ＵＦＯから降ろした霊体は地球人に浄化してもらうので、またＵＦＯに回収するわけではありません。浄化のために降ろした宇宙霊は悪さをします。

宇宙霊に憑依されると体調が悪くなり、病気になるか攻撃的になる。世の中的に遺産相続でもめているケースがとても多いようですが、これも憑依ではないかと思います。

今、地球にはさまざまな霊体がたくさんいます。

レムリア人もいるし、宇宙霊もいる。コロナも憑依みたいなものなので、幽体が攻撃されている感じなのです。

人間の肉体ではなく、幽体の波動を上げて強くしておかないと、この状態に対応できません。

幽体のエネルギーは、宇宙の中心からエネルギーをもらうのと、マインド設定を公共の福祉というか、自分でなくて、みんなのために頑張ろうというのが結構重要です。


ちなみに、日本には龍神様の神社があり、信仰している人も多い。

龍神信仰は宇宙龍というか、宇宙の妖怪のような信仰で、八幡神社などにも必勝祈願をしますが、最後はよくないです。もともと戦いに勝つことを神様にお祈りするなんて、してはいけないことなのです。基本的に、神様は戦いを望みません。

龍神は非常に難しいエネルギー体で、いい龍神と悪い龍神がいる。

悪ければ悪いほどレプタリアン系で、結構危ない存在です。

それを映画にしたのが「プレデター」です。エイリアンがレプタリアンだと言われています。

レプタリアン系は、悲鳴とか絶叫とか悲しみのエネルギーを食べる妖怪の子どもみたいなもので、龍に似ています。

レプタリアン系が体に入っている人は狂暴で、私も精神病院に行って浄化したことがありますが、暴れ方がすごい。かわいい女性が男のような声になってしまうのです。

Chapter 7

［飛沢式人生の組み立て方］現実はロールプレイングゲームのようなもの

輪廻転生の場をコントロールする5次元世界（菩薩界）

「5次元世界（菩薩界）」は、地球という輪廻転生の場をコントロールしています。

そこに行ってみると、人間の体を我々がつくっている。人間の進化は我々が意図的に行っているのです。

人間の体のホログラフィックデータを見ながら、例えば「心臓をもう少し強くしようか」とか、「放射能が漏れてしまったから、これからは放射能に強い体にしよう」などと、みんなで話しています。

私が聞いた話だと、5次元世界は地球の社会システムが科学技術部門とか、芸術芸能部門とかに分かれていて、社会をこういう風にしていこうという青写真をつくっている。

当然、ディープステートみたいな変な人たちもいますが、ロールプレイングゲームのようになっているので、その中でどう生きるかを考え、行動することが一つの課題になっています。

一見、「悪」と思われる存在たちも、実は人間の進化に貢献しているのです。

考えると複雑だけれど、5次元世界は、映画の『マトリックス』よりもう少しきれいな感じで、これから生まれる社会においていろいろな問題が起こる中で、魂を鍛《きた》えるゲームの場みたいなものです。

地球人のまとっている肉体も進化するのですが、それは我々が生まれて、死んで、大変だったからもう少しこうしましょうとか、遺伝子の組み換えを行って、体を少しずつ変えている。

そして、宇宙人のＵＦＯのテクノロジーは技術交流しているみたいですから、5次元世界は、ある意味、ＵＦＯがやっているのかもしれません。

もともと科学技術が圧倒的に進んでいるＵＦＯがいっぱいいて、地球に攻めてくることなどはないのです。勝負にもならない。そういう関係だとみんなが理解するといいですね。

虐待を受けた人の波動を上げる

虐待などを受けて心がボロボロになっている子どもは、波動が低い。トラウマを消すことで、波動を上げられる場合があります。今は波動治療器もあるし、気のエネルギーでも消すことができます。

また、虐待やパワハラを受けている人は、過去世でパワハラをしていることも多い。過去世を書き換えることによって、いじめから逃れるという手もありますが、因果応報という大宇宙の法則が効いているので、誰でもできるわけではありません。

繰り返しになりますが、過去と現世はつながっているので、いじめを受けたときに、「このいじめを受けることによって、私は過去世のカルマを解消しているんだ」という理解があると、人生が好転していきます。

映画『祈り』の白鳥哲《しらとりてつ》監督と宇宙サミットで会ったとき、いろいろな要因によってホテルが同じ部屋になりました。

その際に、白鳥監督の頭のX線フィルムを見せてもらいましたが、ものすごく大きな腫瘍がありました。医者からも「もう手術もできない。助けようがないので、余命の2カ月は好きなことをしてください」と言わていました。

あるヒーラーのところに行き、「白鳥さんは、今世で会った人で、許せない人がずいぶんいますね。その人たちを全て許すことができれば病気は治るはず」と言われた。

思い当たる人がたくさんいたそうですが、時間をかけて全部思い出し、幼少期のいじめなども全て許すことにしたところ、ありえないような話ですが、手の施しようもないほどの腫瘍が消えてなくなったという。そして彼は、『祈り』や『蘇生』、『リーディング』など、「地球蘇生プロジェクト」として一連の映画シリーズを製作しています。

白鳥監督は、自身の壮絶な体験を通して「使命感」を感じたと言っています。死ぬつもりだったのに、自分が嫌いだった人間を許すだけで脳腫瘍が治った。あまりの驚きに、さまざまな活動を始めたのです。彼の活動のベースには、感謝とか許しがあります。

アウシュビッツで命を落とした仲間たち

ドイツはヒトラーのような人間を出してしまったり、三十年戦争が起こったり、おかしい国です。「ドイツには優秀な思想家は出るが、なぜ国民はあんなにアホなのか」という本を書いている人がいて、正直、なるほどと思ってしまいました。ドイツ国民はちょっと危ないかもしれません。

ヒトラーの『我が闘争』という本を私の父親が読んでいました（日本人もアーリア人に支配されるべきだと書いてあるそうですが、日本語版はそこが訳されていないらしい）。ドイツが第1次世界大戦で負けて、四面楚歌になってしまったころ、国民のエネルギーをヒトラーが吸って、あんなことになってしまった。でも、ヒトラーはある意味すごい才能があるのです。

私の妻は1代前、アウシュビッツで死んでいます。彼女は小学校4年生から月に1回、トイレが出てくる嫌な夢を見ていたと言います。

そこにはトイレの便器だけがあって、前に衝立も何もない。走ってそこへ行くんだけれども、いつも「ああ、またここへ来ちゃった」と思ったところで目が覚める。

妻が友人にその話をすると、一人が「そのトイレ、私も見たことがある」と言い、もう一人が「そのトイレ、これじゃない？」と本を見せた。3人ともが「あっ、このトイレだ！」と驚いたのは、アウシュビッツのトイレだったのです。

この3人は、アウシュビッツで一緒に命を落とした仲間でした。彼女たちは過去世で悪いことをしたわけではないのですが、残酷ですが、経験としてそこに生まれたのでしょう。

『Оフォース』で答え合わせができる！

話は少し変わりますが、あまり「批判」をすると、波動が下がります。

暗い話をすると波動が下がるので、そういうことにはなるべく触らないようにする。

永留さんも言っていますが、適度に情報は取りつつ、批判してはいけないのです。

以前、永留さんの勉強会に行ったことがあります。

前に陣取っている人たちが、「永留先生、なぜケムトレイルはあるのですか？　ケムトレイルなんて許せない！」などと騒いでいるのに対して、「私の本をちゃんと読んでいますか？　この世にあるものは全て神が許しているのだから、全ては善なのです。あるのは純然たる事実だけ。そんなに怒っていると波動が下がりますよ」と諭《さと》していました。

決していいことではないのですが、批判をしないというのも難しい。

私が思うには、やらざるを得ない状況になってしまったから、やっている。実際やっている人も被害者だと思います。理想を言えば、みんなが自分で気づくことで波動が上がり、こんなことをしてはいけない、イチ抜けたとなれば、世の中がガラッと変わります。

今後、テレビ局も変わるのではないかと思います。社会全体の波動が上がってくると、本来ズレていることはやりづらくなるでしょうね。

ちょうど同じようなことが『0フォース』に書いてあります。

妻に勧められて、つい先日読んだばかりなのですが、私の言っていることとほぼ同じで、答え合わせができました。結局、大いなるものとつながれと言っています。つまり、波動を上げろという意味です。

縄文時代は0フォースで、宇宙と一体で波動が高い人間しかいなかった。

弥生時代になると大陸から波動の低い人たちが来て、殺し合いをはじめたので、もともといた縄文人はみんな逃げてしまった。遺跡で骨がいっぱい出るけれども、それは仲間割れだった。「我々は戦いを好まない」と逃げた人たちはどこへ行ったのかということは『0フォース』に詳しく書いてありますが、それが日本人ですね。

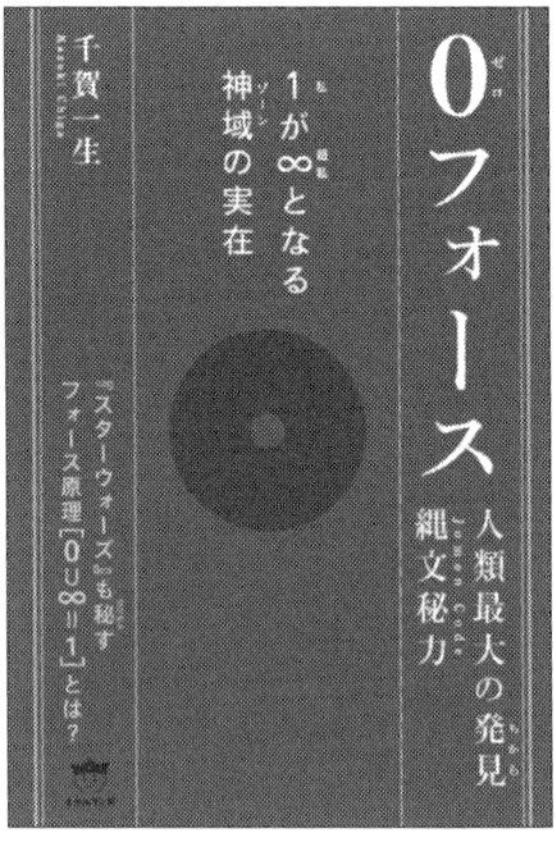

次元を上げることは、松果《しょうか》体《たい》を活性化することでもあるし、逆に松果体を活性化することで、次元も上がるかもしれない。たぶん両方言えると思います。

私が神様から言われたのは、「全体像をちゃんと捉えろ」ということ。お化けの話ばかり、アカシックレコードばかり、UFOばかりを見ていたら、全体像がわからなくなってしまう。とても偏《かたよ》った変な理解になってしまうのです。

憑依霊というのはそんなものですが、ただ、本来はこの世に肉体を持っているほうが圧倒的に強い。

なぜなら、幽体を切られても、すぐにエネルギーを回生できる。霊体に憑依されても、波動が高くてまともであれば、こちらが勝つはずなのです。

エネルギーが小さかったり、心の波動が悪かったりすると自滅する。自分の魂が光り輝いていれば、何の問題もありません。

Part 2

量子HADOヒーリング 実践篇

Chapter 1
担当編集者の過去世のリーディング

飛沢　アカシックレコードは、映像で見えます。頭の松果体《しょうかたい》のあたりで感じます。体の中に、一回、大量のデータを入れます。入った瞬間にドンとくるので、つながったことがわかる。ダウンロードしたデータを、後で見直すようなイメージです。

さて、あなたの人生は、調子はいいですか？

石田　私は、人生は意外と苦しいなと思って生きてきました。過去世を見ると今世の自分がわかるというお話だったので、この苦しさの原因が知りたいんです。

飛沢　何となくわかるな。あれ、ちょっとリーキーガット（腸管壁浸潤）があるね。小麦、好きですか？

石田　いいえ、あまり食べないですね。小麦はあまり得意じゃないんです。

飛沢　小麦を食べると腸が張ってしまうので、あまりよくないね。

石田　少し前から胃腸の調子がすごく悪いんです。

飛沢　やっぱり大腸の炎症だな。パンなどを食べると、リーキーガットで腸が炎症を起こすんです。日本人の3人に1人はなる。結構な確率ですよね。

石田　以前から小麦をとると、その日は調子があまりよくなかったり、ずっと消化できなかったりする感じですが、そういえば、さっき少しパンを食べました。

飛沢　もう少し詳しく見るので、ちょっとここに立ってもらえますか。（おなかの一部を指して）この辺が張っていますね。

石田　あり得ないほどパンパンです。

飛沢　今、ついでに施術しています。――これで消えたはずですが、どうですか？

石田　ありがとうございます。この辺がスーッと軽くなりました。このところ、おなかの張りがひどくて、何でだろうと思っていたんです。

飛沢　リーキーガットだな。あなたの場合、パンとかうどんとか、グルテンを摂ると調子が悪くなります。気をつけていても、小麦は必ずいろいろなものに入っているから、気がつかずに食べてしまうこともありますよね。でも、腸が重い以外は悪くない。心臓も肺も機能低下はない。がんもなさそうだ。

石田　体は健康なほうではあるんですけど、うれしいですね。

飛沢　さて、このあと過去世を見ていきますね。魂は中性なので、過去世は基本的には男、女、男、女と交互に生まれてきます。

（ここで、フルネームと生年月日を伝える）

石田　私はどうしていればいいんですか？

飛沢　意識を集中しないで、ただボーッとしているだけで大丈夫です。何も考えないでリラックスしていてくださいね。ハートのチャクラをつないで、あなたのアカシックレコードに入ります。

（約12分間、石田さんのアカシックレコードを読んで、紙に書く）

飛沢　5代前まで見ましたが、マイナス感情が結構あるかもしれません。日本は3回目ですね。日本は好きなんですか？

石田　好きですね。外国にはあまり興味がないです。

飛沢　外国に嫌な思い出がありますね。手先は結構器用ですか？

石田　細かいことは好きですね。

飛沢　1代前は九州の船大工みたいな感じ。祭りが好きな男性ですね。

石田　お祭り、大好きなんです！　祭囃子《まつりばやし》をやっています。

飛沢　率先して神輿を担いでいた。神輿《みこし》もつくっていたようです。

石田　2年前に、お神輿の会社に就職しようとしていました。

飛沢　祭りが大好きで、最初の画像がお祭りをやっているところです。九州の宮崎か鹿児島か、あの辺りですね。

石田　お囃子はたまたま始めたのですが、ハマってしまって。

飛沢　たまらないでしょう？

石田　お囃子をやっていると、トランス状態になりますね。

飛沢　前のほうで神輿をガーッと担いでいますよ。

石田　お囃子だけではなく、本当は担ぎ手もやりたいんです。

飛沢　ただ、ちょうど太平洋戦争が始まって、子どもが戦死しているんだな。太平洋戦争のころは50～55歳くらいで、子どもが戦闘機に乗って戦死したようだから、マイナス感情として、子どもを過剰に心配する。男の子をとくに心配する。男の子はいる？

石田　います。下の子が男の子です。

飛沢　すごい心配じゃない？

石田　そうですね、あまり学校に行かなくなってしまって。

飛沢　不登校は、親の「過剰な愛」が原因の可能性がある。1代前に男の子が死んでいるので、子どもを、とくに男の子をものすごく大切にしようと思っているんですね。そのせいで、過剰に干渉しすぎちゃう場合がある。子どもは過干渉を受けると不登校になりやすいんです。

石田　耳が痛いです…。

飛沢　でも、仕方がないんです。過去世で大切な子どもが死んじゃったんだから。カルマではないけれど、今世にすごく影響を受けているようですね。

もう1代前が、1832年だから幕末の女性で、大阪の茶屋の娘に生まれて、結婚して、旦那が刀鍛冶《かたなかじ》。あなたは職人好きなんだね。

石田　たしかに職人好きですね（笑）。

飛沢　今の旦那はどんな職業の人ですか？

石田　絵を描いています。

飛沢　そういうのが好きなんですね。

石田　普通の会社員が、実家の家族も含めて、まわりにいないんです。

飛沢　そういう魂かもしれない。ただ、刀鍛冶の旦那がケガをしている。晩年、ケガのせいで刀を打てなくなっている。それで旦那に対しても過剰に心配する可能性がある。でも、絵描きだと、仕事でケガをすることはなさそうですね。

さらにその1代前が1760年くらい、あなたは男性でロシアに生まれています。これがものすごくよくなかった。ロシアの陸軍の兵隊なのですが、あなたは戦争が好きではないのに駆り出された挙句に、仲間にずいぶんいじめられた。

石田　戦争で死んだのですか？

飛沢　戦死したのですが、それよりも問題なのは、仲間にだいぶイビられたこと。戦地にいながら、戦争反対だった。あなたはわりと空気を読まず、自分の意見を言うタイプだね。

石田　…変な汗が出てきました（笑）。

飛沢　兵隊は二度と嫌だという感じが強くありますね。戦争に行って、ひどい目に遭った。組織に合わないのよ。

石田　全然合わないと思います。ずっとフリーランスですし。

飛沢　それはいいような気がします。あなたは思ったことを何でも言っちゃうタイプですが、それでいいんです。日本社会だと難しいタイプけれど、これからはフリーランスの時代になるから、いいと思いますよ。

その前は1650年くらい、チェコで金持ちの娘みたいだ。貴族で、いい服を着ている。だけど、親に強要されて結婚しているので、結婚にトラウマがある。今世は旦那さんを自分で決めたでしょう？　親は反対していたけれど、強引に結婚した、というパターンじゃない？　絶対に同じ轍《てつ》は踏まないようにしようとした。

石田　まさに親の反対を押し切って結婚しました。でも、失敗しました（苦笑）。

飛沢　やっぱり。絶対に修正してくるんです。

もう1代前は1520年ころのオランダ。家具職人の男性です。やはり「手に職」タイプですね。腕のいい家具職人で、大きい工房で何人か人を使っていた。今世も技能があるので、職人肌ですね。

逆から見ていくと、自分の腕で職人をやっていたけど、飽きちゃったので箱入り娘になったら結婚を強要された。イヤだったので今度はロシアに生まれたら、戦争に連れて行かれてひどい目に遭った。ヨーロッパはもういいやと思って、平和な日本に来た。和の世界に合っているのだと思います。

石田　伝統芸能が大好きで、そういう仕事もしています。

飛沢　家具職人も伝統工芸なので、過去から貫いてきています。今世もそれでいったらいいと思います。自分の魂のエネルギーがそれを求めているから、そうなるのです。あなたの場合は、今世、伝統芸能とお祭りをやりたい。日本での集大成にしたい人生のはずなんです。全くズレていないですよね。

マイナス感情については、子どもが亡くなったというのが重くのしかかっているのと、ご主人がケガをしてしまったという過去があるから、そういうのには過剰に反応する。いい意味でも、悪い意味でもある。絵描きだったら普通は仕事ではケガはしないので、交通事故とかそういうのが気になりますね。2代前の夫は刀鍛冶なので、やっぱり職人好みなんですね。

石田　腕一本で生きている人ですね。

飛沢　あなたも腕一本。

石田　綱渡り人生で。

飛沢　全然、綱渡りではないですよ。やっぱりポイントは祭り好きかな。

石田　お神輿をつくっている会社にどうしても入りたくて、何年も待って、希望職種で採用までいったのですが、その会社にいる知人が「入社しないほうがいい」と進言してくれた。

飛沢　今世でお神輿をつくるって、過去の経験から言うと本当にストライクゾーンですけどね。

石田　本当に行きたかった会社でしたが、組織に向かないので、今思えば行かなくてよかった。

飛沢　例えば、ホログラフィックのような現代の技術を使ってお祭りを科学する、みたいなことができたらいいと思う。

あなたはヨーロッパで生まれて、ヨーロッパは殺伐《さつばつ》としていて、「次はどういうところがいいんだ？　日本に生まれたらどうか」と言われて、「じゃあ、日本に行きます」と言って、日本に生まれてきて気に入ったんです。最初は関西だから、関西のほうがいいと思いますよ。刀鍛冶もすごいですよね。

石田　日本刀も大好きです。

飛沢　あんなにすばらしい精度と硬度のナイフは、世界中を探してもないですね。

石田　日本刀の展覧会をわざわざ京都まで見に行ったりします。

飛沢　やっぱり過去世の影響が相当あるのがわかるでしょう。こんな風に、自分が今どうしてこういうものが好きかというのは、全部過去から来ているんです。

石田　笑っちゃうくらいすごいですね。

飛沢　お祭り、刀鍛冶、伝統芸能。そういう仕事は幾つになってもできるから、続けるといいですよ。お祭りの囃子が聞こえると、たまらないでしょう。お神輿は「アーク」です。お神輿の原型は旧約聖書の「出エジプト記」でみんなで運んでいたアークです。あのとき、アークを担いでいた民族は、日本人に生まれている人が多いのですが、いまだにお祭りで神輿を担いでいるのは日本だけ。アカシックレコードで見たのですが、実は私も担いでいた。アークはまさにお神輿そのものでした。

石田　御霊《みたま》入れの儀式など、目には見えないのですが、気持ちが入ってしまいます。

飛沢　ユダヤのエネルギーが入っていますね。祭り好きはをずっと辿ると「出エジプト記」とつながることも。アークをみんなで交互に担ぐ。みんな担ぎたいけれど、実は中に石板が入っていてとても重い。それが日本のお祭りの神輿の原点です。あなたもきっと担いでいましたね。

年代はOーリングでチェックしています。例えば画像で1760年を思い浮かべて、次に55、50…と、イエス・ノーをチェックしています。

また、カルマの有無も全部チェックしています。マイナスの強いカルマがあるかどうかを見たら、あまりない。ですが、感情のマイナスがあるので、それに結構引っ張られる。今世は、男の子を育てるのにちょっと緊張するんです。リラックスしてくださいね。

でも、不登校の子どもはいいですよ。学校に行ってもロクなことを教えてくれないし、ずっと家で勉強していて立派になった人もいっぱいいるので、大検を取って、大学に行きたければ行けばいい。ふつうに学校に行くと、かえってひどい目に遭いますよ。

石田　今日から、そういう風に考えてみます。ありがとうございました。

飛沢　ここが面白いのですが、人間は追い求めてくる。あなたはヨーロッパから日本を選んで来て、そして日本に合っている。同じ国に生まれるのはだいたい3回がマックスなので、日本は今回が最後で、別の国に行けと言われるでしょうね。だから、今世は集大成的な生き方になると思いますよ。

お祭りの本質は地面の浄化です。「出エジプト記」でみんなでアークを担いでいたころから。実は「ワッショイ、ワッショイ」というかけ声も、神を称えるヘブライ語という説もあります。

石田さんは、結構すごい「日本人」です。自分の嫌なことは嫌と言えるし、そういう意味では、これからの時代に合っている。

ちなみに石田さんは、2代前の茶屋の娘さんと顔がそっくりですね。過去世の顔と似るということは結構あるんです。茶屋の娘は愛想がよいのでモテますよ。

いつも過去世を見てびっくりするのですが、「えっ、この髭を生やしたおじさんが1代前かと（笑）。厳《いか》つい風貌で、船をつくっている。でも、祭り好きなのは間違いない。面白かったです。

Chapter 2

映画「虚空門GATE」小路谷秀樹監督への「気のチューブ」ヒーリング

小路谷　ずっと背骨の調子が悪いんです。傾くような感じで、凝りやすくて。

飛沢　腸があまりよくないな。腸に炎症がありますね。便秘したりしますか？

小路谷　数年間、慢性の下痢で、最近、少し改善してきました。

飛沢　腸が荒れていて、潰瘍がありますね。そして、頸椎《けいつい》にすごい歪《ゆが》みがある。若いころに打っていませんか？

小路谷　柔道をやっていました。

飛沢　頸椎の歪みが強く、（首の一部を指して）ここに溜まっている。今少し痛いでしょう？　頸椎を治すエネルギーがあるのですが、それを気のチューブで入れますね。頸椎は歪んでいるので気の流れが悪いんだな。

小路谷　軽くなった感じがします。

飛沢　腸はリーキーガットではなくて、軽い潰瘍性大腸炎という感じ。憑依かな…あっ、宇宙妖怪を見つけた！　これはレプタリアン系だ。

小路谷　宇宙妖怪というのは、ちょっとショックです。

飛沢　あなた自身はアンドロメダから来ていて、エネルギーが切れかかっている。エネルギーが切れているから、魂が小さくなって、第9チャクラが開いてしまったので、レプタリアンが間に入ってきた。アンドロメダのエネルギーをバイパスで持ってきますね。

小路谷　実は龍神の絵を…。

飛沢　龍神が好きでしょう？

小路谷　はい、部屋に飾っています。

飛沢　これで大丈夫です。第9チャクラが閉じたと思います。魂も大きくなりましたよ。アンドロメダは、誰もやっていないことをやるとか、芸術、芸能系の業界の人が多いのが特徴ですね。

気のチューブを使うと、あっという間に治せる。お医者さんにやってあげると、みんな感動しますよ。「医者は要らぬわ」と(笑)。マッサージ師の方にときどき施術するのですが、「もうマッサージ師を辞めます」と言う。マッサージもずっとやっているとしんどいですし、エネルギーワークのほうが圧倒的に速いですから。

私の場合は、幽体を治せばいいので、肉体は治していません。幽体と肉体は表裏一体のミラーなので、肉体の調子が悪いときは、幽体も落ちている。魂のベースを上げて、部分的にズレた箇所の、幽体のエネルギーを変えてあげると、あーら、不思議。

小路谷　楽になった！　宇宙妖怪が取れてよかったです。

飛沢　宇宙妖怪が憑いている人は結構いますが、あなたのは小さかったですよ。魂が小さくなると自然に入ってしまうので要注意です。

これが私の施術のテクニックの一部で、講座では気のチューブの使い方も全て教えています。遠隔スピリチュアルヒーラー、気エネルギー鑑定調整師育成講座、あとスピリチュアル整顔師といって、美容にも使えるんです。小顔にできるし、肌も白くできます。興味がある方はぜひ講座を受けてみてください。

Part 3

飛沢式
量子HADOメソッド
を大公開！

Chapter 1

飛沢式で人間界を覗く！

基本原則【1】　アカシックレコードについて（データベースへのアクセス）

これは重要な原則で、アカシックレコードのデータベースは、クラウドのようなところにあります。宇宙のどこにでもある。だから、アクセスしようと思ったらどこからでもアクセスできます。

過去世を見るとき、私がいる場所からW・i・F・i接続でその人の魂とつないで、そこからその人のアカシックレコードを見に行きます。

そこには、その人が過去にどんなことをしたというデータが全てあるので、「一代前」というタイトルのDVDを探して、早送りするかのように見ていく。そのやり方は私の講座（高次元レイキ気功講座）でも教えています。

アカシックレコードには、実は「未来」も記録されていますが、人間の生き方とかその人が持っている人生の課題は「過去世」の影響を大きく受けているので、過去のデータを見ることが多くなります。

過去世から来るもの

昨日会った女性は今世、ものすごく仕事をしたくて仕方がないと言う。頭もよくて、美人で、男の人と同棲しているけれど結婚する気はない。自分でもその理由がわからず、私のところへ来たということでした。

さっそく過去世を見たところ、1代前が京都の料亭の女将。旦那さんが戦争に駆り出されたため、彼女が代わりに経営を行うも、その後、店は潰れてしまいました。

その女性にサービス精神がなく、接客がとても下手だったことが原因です。お客さんにお尻を触られるなど昭和初期では日常茶飯事で（それがいいとは言いませんが）、女将がいきなり客を叩いていたら、怒って来なくなってしまう。

旦那さんが帰ってきたとき、「申し訳ない。私がちゃんとやらんから、お店を潰してしもた」と、泣く姿が見えました。

私が「今世のあなたも接客は全然ダメでしょう」と言うと、「よくわかりますね」と驚いた様子。そして今世では、もう一度女性となり、今度こそきっちり仕事をしようと生まれてきた。いわばリターンマッチです。

その結果、一生懸命に仕事をし、結婚する気は全然ない。子どももかつて産んでいるからとくに欲しくはない。今世の性格や性質、女性として一かどのビジネスパーソンになりたいという強い気持ちは、過去から来ているものだったのです。

過去からつながったもの、そういうエネルギーが、未来をつくっていく。そこで私は、その店が失敗しなかったというデータに書き換えました。

ただし、その結果、今世でのモチベーションを失ってしまうかもしれないという危惧はありましたが、心配無用でした。きっと今世ではとても成功するはずです。

また、その人は経理のプロでしたが、自分には向いていないと思い込んでいる。

あらためてリーディングしてみると、結構向いていることがわかりました。

魂の反応を見ることで、その人の「適職診断」もできるのです。

「将来的にはＣＦＯ（Chief Financial officer）という道もあるし、法律関係も合っているので法務もいいですよ」とアドバイスをしました。

本人は「今からですか？」と言っていましたが、私は40歳くらいではまだまだ若いと思います。年齢よりも、このように過去世から来ている影響や課題を知ることがとても重要です。後で触れますが、病気も過去世から来ることが多いのです。

基本原則【2】　人間の魂の成長に関して（前世からのカルマ解消）

人間には、全員がこの世で実行する役割があります。

まずは、「カルマの解消」。「今世、ちっともうまくいかない。どうしてこんな人生なのだろう…」という人は、過去世がよくなかったからです。何かと調子が悪い人は、過去世を見ると悪いことをしていることが多いのです。

私がこれまでリーディングした中でも一番印象的だったのは、何をやっても治らないがん患者の方です。最新の波動医療機を使っても治らない。

一代前を見ると、女郎屋の女将でした。女郎の尻を叩いて働かせ、何人も死に追いやっていた。それらの恨みが、過去からやって来ている。もちろん本人はそんなことは知らなかったのですが、今世では心を入れかえて生きていた。でもカルマがうまく消えずに、いろいろな問題が起こっています。

なぜか人生の前半、35歳ぐらいまでは大丈夫なことが多い。仕事も好調だったのに、そこから急にガックリくる。とくに病気の場合は、35歳ぐらいまでは体の代謝がいいので、ガッツのエネルギーで生きていられるのでしょう。

40～50歳くらいで現れる病気は、過去世のカルマの影響がとてもあります。

一方、若くして病気になる人は、最初からカルマの解消のために病気になることを決めて生まれてくる。中には、「私は前世でこんな悪いことをしたから、今世では、いきなりひどい病気を受け入れます」という人もいるのです。

魂の成長が必須

また病気以外にも、借金取りに追われるとか、事業が失敗するというのも、カルマの解消のためである場合があります。

例えば、非常に聡明で、ビジネスプランもよく、部下に恵まれているのに、どうして失敗するのだろうと不思議に思うような人が、私のところにも来ます。

これもカルマなのです。過去世で同業他社をずいぶんいじめてしまったなど、ほかの人を排除する人はダメですね。今世で物事がうまくいっている人は、過去にその業界やまわりの人を盛り上げるようなことをしています。

それらを回避するために、過去世を書き換えるという方法もありますが、一番いいのは「知る」ことです。

前世を教えるだけで、「ああ、自分はそんなことをしてしまったんだ…」と泣く人がいます。

カルマを解消するためには、本人がよくなろうという意思が大事です。この世は「ワンネス（oneness、全てはひとつ）」なので、他人を助けて、自分の会社が成長する。そして、他人の会社も、業界も伸びる。お客さんも喜ぶ。三方よし、八方よしにしないと、うまくいきません。

人間の魂の成長によってカルマが解消され、そうだとわかった瞬間に、人生が改善される。自分でわかる人もいれば、私のところに来てわかる人もいますが、突然よくなります。気づくことが大事なのです。

常に部下や友人に裏切られるとか、いつも変な女に騙《だま》されるとかいう人がいますが、カルマの解消には本当にいろいろなパターンがあります。

ある事例その①

魂を成長させ、前世で成し得なかったことに再び挑戦する人が多い。

先日、ある劇団の主演の人が来ました。とてもカッコよくて、見事に鍛え上げた体で歌って踊るその人は、5歳のときにテレビでその劇団の舞台を見て、「お母さん、僕、ここに立つんだ」と言ったそうです。そして、8歳で子役として舞台に立って以降、ずっとその劇団にいます。

彼の1代前を見ると、ブロードウェイの女優。金髪の美しい人で、上手に踊れるのですが、エースクラスではなかった。

もう1代前は、シェイクスピア劇団の男優でした。「今度こそ歌って踊れる総合的な俳優になりたい」と今世に生まれてきた彼は、物心がついたときから、ミュージカルスターになるという強い思いがあったそうです。

芸術系の人は、同じ職種に続けて生まれ変わることがあります。

例えば、クラシック音楽家は、作曲家、指揮者、コンサートマスター、バイオリニストなど、順番はさまざまなパターンがあります。自分で曲をつくるというすごい才能を持っていながら、作曲家の前が指揮者ということも。さらに指揮者の前はコンサートマスターであったりするなど、その人は何度生まれ変わってもクラシックにかけているのです。

「あの人は、前世でも今世でもあんなにうまくいっている。私は一つもやり遂げられない…」と落ち込む人もいるかもしれませんが、やり遂げることがいいかどうかはわかりません。その人の趣味だから、本人が好きでやっているのです。

先述の劇団の方も言っていましたが、「とにかく楽しい」のだそうです。子役として初めて立った舞台の幕が上がるとき、ビビってブルブル震えるどころか、「みなさん、早く僕の演技を見てください！」と、魂が爆発するような、うれしさや喜びがこみ上げてきた。こういう人には敵《かな》わないなと思いました。スターになる人は、こういう人なのですね。

ある事例その②

ほかにも、過去にできなかったことを今世で思いっきりやっている人はたくさんいます。

ある格闘技のミドル級日本チャンピオンで、世界3位の方の一代前の過去世を見たことがあります。なんと前世は、東京オリンピックの女子バレーボールの補欠選手でした。監督と仲が悪く、公式試合には一回も出ていない。チームは金メダルを獲ったけれど、自分は試合に出してもらえなかったのでうれしくない。

その話を伝えると全くそのとおりで、彼はとにかく世界一になりたいと思っていたし、監督のいるチームプレーは絶対に嫌だった。一人でやるスポーツで勝てそうなものを選んだら、その格闘技だった。

世界では3位ですが、どうしても金メダルを獲りたいのだそうです。なぜかと言えば、1代前の悔しさ。金メダルが欲しかったのに、監督と合わなかったという理由で試合に出られなかったから。

その彼は、今世では人生に燃えていると言い、会社を3つぐらい経営し、ビジネスでも成功しています。

面白いですね。前世でできなかったことを今世でやる人は結構多いのです。

「神様の計画に沿ったことをする」という役割の人もいます。

私はその一人です。本当は、あまりこの仕事をやりたくなかった。前述のように、3人くらいいた候補の一人だったのですが、「2人ともダメだったから、やってくれ」と言われてしまった。「知らないうちにこの仕事をしていた」という人は、財界などにも結構いると思います。

基本原則【3】　人間の構造的なこと（肉体と幽体はミラーの関係）

人間は「肉体」と「幽体」がオーバーラップしたような状態で存在しています。

肉体と幽体はミラーの関係で、どちらかを治すと両方治るという仕組みです。治しやすいほうを治せば、病気が早く治ります。

病気にも、「肉体」起因と「幽体」起因のものがあります。

種類に関係なく、どんな病気も原因が2つあるのです。これが、健康を取り戻すのがなかなか難しい理由です。

多くの人は、肉体だけにフォーカスしているので西洋医学で治そうとします。

東洋医学であっても肉体が中心ですが、西洋医学よりはスピリチュアルな側面もあります。

スピリチュアルにもっと寄ったところに行くと、幽体を治すことができる。

とくに憑依があって、宇宙妖怪などが憑いている場合は、幽体を治す必要があります。

難病は幽体を治す

治療方法が明確ではない病気、例えば難病は、幽体を治すという手があります。

アルツハイマーはアミロイドβ《ベータ》の沈着が原因であることがわかっています。取り方が難しく、まだ実践はしていませんが、理論上は幽体で取ることができます。

私の弟子である優秀なヒーラーのパートナーがパーキンソン病になったのですが、ぜひ情報共有をしたいと、月に1回、私のところに報告に来てくれます。彼は、パーキンソン病のシナプスに、「気」でドーパミンを入れていくという方法を試しています。

幽体の中のドーパミンのエネルギーがドンと上がることで、脳のドーパミンが増加しているのでしょう。

お医者さんが、「なぜこんなに状態がよくなっているのかわからない」と驚いているそうです。

高次元レイキでは原因がわかれば治せるのですが、西洋医学ではドーパミンを入れる方法がわかりません。

いずれ、西洋医学と幽体のエネルギーが合体するときが確実に来ます。

そうすると、完全な「波動医学」が広まっていくでしょう。

医師たちにも教えている

私の講座では、西洋医学の医師にも教えています。

内科、歯科、耳鼻科、心療内科などさまざまな診療科のドクターが受けに来てくれるのですが、内科の先生はとても物覚えがいいし、気当てもうまい。病名も全部わかります。

最近、そういうドクターがだいぶ増えてきていますね。

ただし、幽体を治しても、西洋医学ではお金が取れません。

漢方薬を処方したり、カウンセリング費用としてお金をもらったりしている医師もいますが、あまり変な動きをすると、後で何か言われてしまうという状況があり、みなさん苦労をされています。

幽体の高周波部分に着目する

とにかく、幽体は「波動」です。肉体も「波動」です。

幽体の高周波部分（アストラル体以上）は全ての人とつながっているので、例えば電話で話すだけで、相手のそのときの体調がわかります。

電話を介しても、その人の波動が感じられるからです。

初めて私のところに電話をかけてきた人も、波動でわかります。

妻が電話を取り、顔をしかめているのは変な波動を感じたときです。

メールでも波動は出ます。全部出てしまいます。

4日前にもこんなことがありました。

電話がかかってきて、「今、娘が包丁を持って私に切りかかってきます！」と言うので、すぐに遠隔で霊体を浄化しブロックをかけたら、娘さんが急におとなしくなって、座ってご飯を食べるようになったと。

「先生、すごいですね！」と感動しているのでよかったのですが、そのくらいできないと困ります。

その人とは一度も会ったことはないのですが、手元に写真がありました。

憑依されると以前の写真を見てもわかります。

ＵＦＯも幽体である

上部一馬さんの著書『超微小知性体ソマチッドの衝撃』（ヒカルランド）の中に、私について書かれた章があります。

上部さんの知り合いのお子さんが物を投げて暴れており、その画像をスマホで送ってきたときのこと。私は、「わかりました。憑依だからすぐに取りますね。はい、取りましたよ」と言った瞬間に、その子がパタッとやめて静かに座りました。

上部さんはＵＦＯが大好きなのですが、「ＵＦＯもすごいけれど、飛沢先生もすごい。絶対に先生の本を書きますよ」と言ってくれるほど、感動したのだそうです。

どうしてそんなことができるのか。

「アストラル体」の部分では全部つながっているので、どこにいようがその人の状態がわかるし、幽体エネルギーをある程度コントロールできるのです。

遠隔で人を治せる理由は、これ以外には考えられま

せん。

波動が上がってくると、電話で話すだけでもその人が抱えるさまざまな問題がわかりますし、実際に会ったら「この人はウソつきらしいな」なんてことまで当然わかってしまいます。

さらには、肉体と幽体はミラーの関係なので、遠くにいるその人をイメージしてその両方を見るだけで、どこが悪いかもわかります。

幽体はエネルギー部分で、全く形がありません。UFOの基本はこれです。

宇宙からアストラル体で飛んでくるときはワープできるので、50万光年離れたアンドロメダから瞬時にやって来ることが可能です。

ただし、地球で姿を見せたいときは物質化しなければならないので、エネルギーをガーッと上げます。ジェネレーターをフル稼働させるので、ものすごいエネルギー量が必要です。

人間のアストラル体は至るところにあります。

私がある人を思ってその人をつくれば、目の前にその人が現れます。存在が2つあるわけです。

写真もその人の波動を持っていますし、名前でもつながることができるので。名刺が1枚あれば十分です。

アンドロメダにいたとしても瞬時につながれる。

それが「高次元世界」、「量子力学」の不思議なのです。

「気当て」ですべてを読み解く

有名な会社の役員が、「会社内部の摩擦の原因を調べてほしい」と相談に来たので、組織図を見ながら気のO－リングでチェックしたところ、人間関係や個々の性格などが全て見えたので、「この部署のこの人とあの人を替えたほうがいい」と助言しました。

また、まもなく会長に就任するという投資会社の社長から、時期社長を誰にしたらいいかと相談を受けました。

組織表に書いてある名前に気当てしたところ、「この人は真面目だけれども独創性がない」などの情報が見えた。最終的には、この人しかいないという人が量子情報でわかるのだから面白い。

私の講座では、書いてある名前に気当てするという授業があります。

ある受講生が「この名前は、なぜか人間でないみたいに上肢と下肢がよく動きますね」と言うので、私は「すみません、それはうちの犬の名前なんです」と白状。

みんなはエーッと驚きましたが、私は見事に当たっていたことに感動しました。

波動の上昇によって、全部がつながるのです。幽体やお化けだけでなく、もちろん普通に生きている人間ともつながりますし、ＵＦＯからコネクションが来る場合もあります。

中にはＵＦＯからエネルギーラインが降りている人がいますが、いい場合と悪い場合があるので、後者の場合は切ってあげると楽になります。

ブロードキャスティング（波動のつながり）

全てつながっているというのは、本当に驚くべきことです。

目黒に住んでいる弟子の女性から、夜中の2時に電話がかかってきました。

「先生、大変です。娘が火事の中にいて、焼け死にそうです。どうしたらいいですか」と言う。

娘さんは航空会社でＣＡをしており、北京にいるはずだが電話してもつながらない。私は「リーディングをしたけれど大したことはなさそうだから、大丈夫だと思う」と伝えました。

翌朝10時に再び電話があり、「先生、昨晩は申し訳ございませんでした。娘はお灸をしていただけだったんです」と。お母さんは寝ていたけれども、「うわ、熱い！」という波動がお母さんに伝わった。娘が熱い、熱いと叫んでいるので、これは火事だ！　と慌てて飛び起きたのでした。何事もなくてよかったです。

一般的にこのような現象を「テレパシー」と言いますが、本当は違います。テレパシーは特別な光子エネルギーや量子エネルギーが飛んでつながっているようなイメージですが、この場合は、高波動部分でもろもろつながっていたのです。

だから、逆にその女性が「キャー、大変！」と感じたら、娘や夫に波動が伝わるはずです。それをキャッチできるかできないかの違いはあれど、必ず送っているのです。

ですが子どもは、お母さんのエネルギーをほぼ100％キャッチできると言われています。

例えば息子が幼稚園に行くときに、お母さんが「うちの子は、また幼稚園で変なことをしないかしら」と心配すると、「お母さんがまた何か言っている」というエネルギーが息子に届きます。

同時に、私がそのお母さんに意識を向けると、彼女が子どものことを思っていると感じることができます。

極端に言えば、人間はこの世界の全員にエネルギーを送っている。キャッチしようと思ったら、波動さえ合えば誰でもキャッチできる。

これを「ブロードキャスティング」と言っていますが、インターネットやSNSのように、基本的には全員に飛んでいくものです。

この世はアストラル体波動のエネルギーが飛び交っています。

今年（2021年）は、日本も世界全体も元気がありません。みんなからものすごいマイナスエネルギーが出ています。

それを人間も、動物も、アストラル体でつながっているのでみんなが受け取ってしまいます。

不安な思いは必ず伝播するので、そういうときは、あえて切るという方法があります。

幽体波動のエネルギーが飛びかかっている⁉

生きている人や動物だけでなく、死者も微量ながらエネルギーを発しています。とくにこの世に恨みを持って死んでいった人は、ものすごくエネルギーの高い生きている人間に取りつき、その人に発信させるというメカニズムがあります。

幽体波動のエネルギーは、テレビやFM電波以上に、空をものすごく飛んでいます。宇宙からも来るし、地球の中からも来るから、とんでもない情報量が来ます。

私の好きな映画「スター・ウォーズ」で、ヨーダが「あっ、今、星が一つなくなった。多くの人の叫び声が聞こえた」と言うシーンがあります。

私もときどき、今、同時にずいぶん多くの人が亡くなったなと感じることがあります。叫び声を感じる。どこの国かわかりませんが、きっとどこかで大量虐殺や戦争があったのでしょう。アフリカにもありますし、中国でも相当やっているようです。

そういうエネルギーが飛んでくると、やはり暗い感じになります。

基本原則【4】　地球に起こる自然災害について（地の気の浄化）

地の気（地面の気）は、その上に住んでいる人や動物の想念の影響を強く受けます。

地の気の浄化は、生きている人間がやらなければいけません。悪化すると天変地異や暴動、戦争、騒乱などが起こるからです。

地面は、その上に住んでいる人の波動を全部吸収しています。

地面の下からマイナスのエネルギーが噴くときがありますが、私はロサンゼルスの大暴動の前日まで、主戦場のブロックにあるホテルにいて、地の気がものすごく噴き上がっているのを感じていました。

地震か、あるいは何が起こるのだろうと思いながら、成田に着いたときにはロスで暴動が起こっていた。戦車も出動するほどの、とても大きな暴動でした。

私の滞在していたホテルは1週間出入りできなかったので、帰国が1日でも遅れていたら、しばらくホテルに缶詰めにされるところでした。

祭りは地の気の浄化です

地の気は、その上に住んでいる人々が陽気にならないといけないので、浄化する必要があります。波動の高い人がいないといけないのです。

普通の人が波動を高くするには、「祭り」を行うこと。そういう意味でも、日本神道はすばらしいですね。

お祭りは地の気の浄化です。

「アークを担いで、エジプトを出てきたときは大変だったな」（旧約聖書「出エジプト記」）と、みんなで思い出す。神輿を担いで、みんなで楽しくワッショイ！　ワッショイ！とやると、地の気が浄化されるのです。

お祭りをちゃんとやっている町は、自然災害が少ないと言われています。

昔から、疫病を鎮《しず》めてくれるのも「祭り」でした。

とくにウイルスは突然出てくるところが、霊体にそっくりですね。

ウイルスと共鳴を切る⁉

銀座の仲の良いお医者さんと、いつも同じがん患者を診ており、スピリチュアル系の問題があると私に紹介してくれます。

その先生は、「この患者は〇〇ウイルスと共鳴している」とよく言います。

例えばパピローマウイルスと共鳴していると、その人のまわりに共鳴バンドがある。だから、そのウイルスが共鳴エネルギーに呼ばれて来るという仕組みです。

先生は、バイ・ディジタルのO－リングテスト（BDORT）で全部が見えています。

「このがんの患者は、この細菌のところのウイルスにすごく共鳴があるので、飛沢先生、これをぜひ切ってください」と具体的に指示を受け、私のところで切ったり、浄化したりする。

それをしないと、ウイルスが寄ってきて感染してしまいます。

新型コロナウイルスも、共鳴している人はきっと感染してしまうでしょう。

コロナ禍を波動で分析すると……

戦争と疫病も深い関係があります。

第1次世界大戦下で流行ったスペイン風邪など、まず地の気の悪化が原因と考えられます。

地の気の悪化は、基本的には人々の感情の悪化です。宇宙のエネルギーバランスの波があるので、天変地異が起こりやすい時代というのが全世界的にやって来るのですが、恐ろしいことに、今は「アセンション」で地球の波動が上がってしまっているのに、その上に住んでいる人の波動が低い。

つまり、地球上では波動エネルギーのミスマッチが起こっているのです。

ヨーロッパでは、何のために都市封鎖を行ったのでしょうか。

イギリスでは超党派議員約30名が、ロンドンの都市封鎖をやっても新型コロナウイルスの感染者は全く減らないし、それは医師も言っていると提言したのですが、首相はパッと蹴ってしまった。

結局のところ、都市封鎖で感染者が減ったというデータはなく、経済力だけが落ちて、人々は暗くなっていく。ＰＣＲ検査を陽性にする方向なので、インチキ感染です。

波動のミスマッチが「変革」を起こす⁉

地球の波動は上がっているのに、その上にいる人々の波動が低いというミスマッチによって、世の中に変革が起こります。波動が高い人は安住できますが、低い人は振り落とされてしまう。「二極化」していくと言われているのが、それですね。

コロナですごく不況になりますが、いいことをやろうと考えている人もたくさんいます。コロナ禍で大変だから、こういうビジネスでみんなを幸せにしたいと考える人は、大幅に伸びます。

インチキまがいの商売をやって小銭を稼ごうとする人は、どんどん落ちていく。

やはり、変なことをすると波動が下がり、ますます地球とのミスマッチが拡大していきますね。

先日も、車で犬の病院に行った帰りに、右側の車線が右折でとても渋滞していました。

私は左側車線から遠回りをして帰ろうと思ったら、前のベンツが左に行くのが見えました。その車の波動がどうにも悪いと感じたので、「絶対にズルをするな」と思っていたら、左折してコンビニの駐車場を横切って右折しました。

「誠一さんはやらないの？」と妻に聞かれましたが、そんなことをしたら人間の質が落ちてしまう。

波動が下がって、ツキを放してしまうことになる。自分だけズルをする人は、きっと何事もうまくいきません。

アカシックレコード（「現在」と「過去」と「未来」はレコード盤のようにグルグル回っている）

アカシックレコードを概念的に説明すると、ドーナツ状のデータベースになっています。厳密に言うと、ドーナツはくっついてはいないのですが、つながって「現在」と「過去」と「未来」がグルグル回っています。「レコード盤」とも言います。

そのエネルギーが上がると、また違うアカシックレコードに変わる。

今の時点と、将来、ちょっと先の時点で、上がったり下がったりします。上がることも、下がることもあります。

「未来をリーディングしてください」と言われれば、このままいくとどうなるかはちゃんと見えます。しかし、見たとおりになってしまうので、そのリーディングはしません。思ったとおりにならないと落胆する、ということもありますしね。

睡眠は霊的にものすごく重要

夜、寝ているときに、ある女性と結婚したいというデータを6次元の自分のアカシックレコードに書き込むことができます。

人間は、熟睡するとアカシックレコードとつながる時間が必ずあります。なので、人間は熟睡できないと、思ったとおりの人生にはなりません。

睡眠は、霊的にもすごく重要です。10時に寝て、5時か6時に起きるのが一番いい。12時から12時半ぐらいのところに熟睡のピークを持っていくと、アカシックレコードにしっかりアクセスできます。

そこに深く眠れる時間帯を合わせられないと、自分の夢が現実化しません。

コントローラー（誘導霊）がデータを全部チェックしている⁉

そして最も大事なことは、寝る前に必ず自分の夢を確認すること。

自分は将来こんなことをしたい、こんな風に社会に貢献して頑張りたいと思いながら寝る。そして、12時すぎにアカシックレコードにつながったらデータが書き込めるようになるので、その夢は実現する。

医学的にも、やはり早寝早起きが体にはいい。ビジネス誌などを読むと、一部上場企業の社長はみんな、会社を6時半か7時には退社し、飲み会に行っても一次会ですぐに切り上げ、そして絶対に10時前には帰宅して早めに就寝。翌朝は4〜5時に起きて、朝のうちにメールチェックをするという一連の生活は、理にかなっています。

このようにアカシックレコードにつながる行動メカニズムによって、しっかりとアカシックレコードにデータを書き込みます。

それでOKの場合は、願望どおり、その人と結婚できたりします。

しかし、5次元世界の「コントローラー」、つまり「指導霊」がコンピュータでデータを全部チェックしています。

「このままその子と結婚させると予定が狂うので、結婚させないようにしよう」ということになると、結婚できなくなります。

この世での出来事は「超全て」コントロールされている⁉

この世での行動メカニズムはすごく面白い。

私が7年前にこの世界に入ったときはこのシステムがよくわからず、毎晩のように神様と質疑応答を繰り返していました。「データベースはどのくらいの精度なのですか」と聞いたら、「超全て」だそうです。「道端の石ころも全部データに入っているのですか」と聞けば、「入っている」と言うのです。

ある男の子が石をポーンと蹴って、そこを通りがかった車に当たって窓ガラスが割れる。これは必然だそうです。全部コントロールされている。

私は会社員のとき、緻密に予測を立てて生産計画を組み直し、会社の在庫を数百億円から半減させるといった、コンピュータの「シミュレーター」という仕事をしていました。アカシックレコードの指導霊たちは、そういうプログラムの、より密度の高いプログラミングを常に行っているわけです。

人間もだいぶ近づいてはきましたが、まだまだ圧倒的な差がありますね。この世には「偶然」はないそうです。偶然、出会うことはない。アカシックレコードのデータはそれだけすごいということです。

悪魔はいない⁉　この世にいるのはすべて神！

とはいえ、人間にも自由意志があるので、それから外れてもいい。

永留祥男（葦原瑞穂）さんの著書『黎明』にも、それと似たような話が書いてあります。

　ある人が歩いていて、ここで右に曲がって喫茶店に入ると結婚すべき女性と出会うのだけれども、左に曲がってパチンコ屋に行ってしまった。上から見ている指導霊たちは、「ああ、また一からやり直しだ。パチンコ屋には行かなように、パチンコができないようにしてやろうか」といったことを話しているらしいのです。

　この世に悪魔はいません。私も「この世には天使と悪魔がいるのですか」と聞いてみたことがありますが、神様に「そんなことはない。この世にいるのはみんな神なのだ」と答えました。

　旧約聖書「創世記」のダイジェスト版を見せてもらいましたが、「ルシファー」は神様のナンバーワンの天使で「輝けるもの」、ナンバーツーが「ミカエル」だというのです。

　神様が会議で、「これから地球というものをつくる。不自然なことが起こる国にみんなが宇宙からやって来て、そこで暮らして、切磋琢磨しながら魂を成長させる。必ず悪役が必要だ。天使の中で誰か、悪役をやってくれる者はいないか」と問いかけます。

　誰もが「悪魔なんかやりたくないよ」と口々に言い合っていると、神様が「ルシファー、おまえは一番力があるから、おまえがやってくれ」と頼むので、ルシファーが悪魔の役をやることになったというのが、本当の話らしいのです。

　それを裏づける書物もあるので読みなさい、と言われたのが「旧約聖書」です。

「ヨブ記」に、神様が言ったとおり、ちゃんと書いてあります。「ヨブ記」を読むと、悪魔が出てくる。神様と悪魔は仲よしなのです。

悪魔「神様、こんにちは」
神様「おう、悪魔、久しぶりだな。元気だったか」
悪魔「神様をものすごく信じるヨブという老人がいるのをご存じですか」
神様「ああ、知っとる。あの男はいい男だ。私のことをずっと信頼しているから、私もかわいがっておるのだ」
悪魔「ちょっと試してもいいですか。彼に災難を与えます。彼が神をののしるような言葉を言ったら私の勝ちで、もし最後まで耐えたら神様の勝ちです」
神様「私は、ヨブは絶対にそう言わないと思うよ。悪魔、やってみなさい」

そして悪魔はヨブにさまざまな災いをかけるけれども、ヨブは最後まで「これも全て、神の意思だから」と、病気や家族の死、いろいろな災難を全部受け入れます。すると神様が現れ、「ヨブ、よくやった」。悪魔も出てきて、「この男は正真正銘の、神を信じるいい人間です」と認める、落語みたいなお話です。

ディープステートもルシファー（神）がやっている

私がこの道に入ったころ、本屋に行くと何冊かの本が光っていました。それを全部読みなさいということだと理解し、「新約聖書」、「旧約聖書」を全て読みました（「旧約聖書」は面白いのですが、読むのに800時間もかかりました）。

実のところ、ディープステートもルシファーがやっている。この世に存在するものは全て「善」ですが、彼らは場を乱すゲームメーカーみたいな存在です。ビル・ゲイツとかも悪いのですが、恨むのもよくない。永留さんもそう言っています。

チップ入りのワクチンを打って、遺伝子を組み換えるとか、自分だけはやりたくないと思うけれども、そういうのに打ち勝つようにみんなが一致団結して努力すると、ユートピアが来ると私は思います。大きな学びです。

人の言うことを鵜呑《うの》みにせず、自分で検証して自分で考えるというのが理想の人生です。よく考えれば、よくないことはわかるのです。

マイナスの言葉、恨むこと、これは一番よくない！

人生は、日々の行動と考え、言葉でどんどん変わっていきます。

日々の努力の積み重ねです。できるだけポジティブな言葉と考えが重要で、何か悪いことがあっても、これでカルマが消えたなとか、勉強になったなと考える。

マイナスの言葉は、本当によくありません。恨んでいてもダメなのです。

『黎明』の永留さんの講演会に、一度参加しました。

「ビル・ゲイツを殺せ」とか「ケムトレイルが許せない。先生はどう考えているのですか」とか、ワーッと騒いでいる人たちが最前列にたくさんいました。

永留さんは開口一番、「みなさん、僕の本をちゃんと読みましたか。私が何と書いたかわかりますか。この世に存在するものは全て神がつくったもので、みなさんの考えが現実化しているだけなのです」と一喝するのです。

「僕が教えるのは、その先の話なんだよ。僕の本をちゃんと理解していないね」と諭すと、みな黙りました。

永留さんと一緒に富山に旅行に行き、夜にゆっくり話したことがあります。

ルシファーはやっぱり「輝けるもの」で、嫌だけれども悪役をやっている。世の中には、悪いことをする人がいるので、悪いことをされる人も必要です。悪い人がいないと殺されません。それは単純なことです。

どの民族も同根⁉　輪廻転生して入れ替わっているから！

「こんな世の中に、神がいるとは到底信じられない」と言う人がよくいます。

中東で虐殺があるし、中国ではあんなに人権弾圧がある、と。もちろんそれは認めますが、それに我々がどう対応するかがとても大切になってくるのです。

中国の人権侵害に日本はどう対応するのか。お金が入るからとか、そういうことで中国に対応するのはよくない。

中国では、「漢民族が一番」という、少し古い考えが今も浸透しています。

その他の国の多くの人も、我が民族が一番だと思っているかもしれませんが、それはウソで、実は差はありません。何より、輪廻転生してほとんどが違う民族に生まれ変わるので、どこの民族が優れているなどということはないのです。

ただ、傾向としてあるのは、ユダヤ人は戦いを避けて日本に来たがる。

もともと日本には、あるユダヤの一族が淡路島から入ってきました。淡路島のホテルにユダヤの遺跡があり、私がアカシックレコードを見てみたら、第一陣は約２７００年前、２０００人ものユダヤ人が上陸しています。

全てのマイナス局面もゲームの過程に必要なもの！

人生は日々の行動と考えでどんどん変わります。

この世に起こっている全てのマイナスのことも、ゲームが１面、２面と進んでいくようなことで、悪いやつが出てきても仕方がない。

アカシックレコードの書き換えも、過去世で修正しても、現世と未来が変わります。

もちろん、未来を直接書き込んでも、未来は変わります。大事なのは、一人ひとりが波動を上げる必要があるということ。すごく落胆するとか、人を恨むとか、マイナスの感情は絶対に消さないといけません。

「波動を上げる」ということは、「振動数を上げる」ことです。

自分で大いなるものとつながっていく。人間はみな、宇宙の中心からエネルギーをもらって、つながっている高貴な存在なのに、そのことを忘れてしまっているのです。

自分で進んで生まれてきたくせに、お母さんに「何で俺を産んだんだよ、ばかやろう！

この世なんか大嫌いだ」と言ったりする。お母さんは子どもを選べないけれど、子どもがお母さんを選ぶのだから、「あんたが私を選んだんでしょう。私のせいじゃないわよ」というのが正しい答え方ですね。

池川明《いけがわあきら》先生は横浜の産婦人科医で、日本スピリチュアル医学協会の顧問、よく講演会で一緒になります。

子どもが生まれてきて5歳ぐらいまでは、生まれてくる前を覚えていて（胎内記憶）、みんな「雲の上にいた」と言うそうです。

「どうしてこのお母さんを選んだの？」と聞くと、25％は「優しそうだから」、25％は「かわいいから」、25％は「この人を助けたいから」が答えで、「お父さんは知らない」と。

つまり、子どもたちはお父さんのことは選んでいない。75％もの子どもたちが、自分でお母さんを選んで生まれてきているというのが、池川先生のデータです。

Chapter 2

未来のリーディングで350年後まで見てみた⁉

350年後とこれからの30年は……

未来のリーディングは、かつては真面目にやったのですが、最近は「一度見たからいいかな」という感じになっています。

未来はよく変動するので、リーディングしたようになるとは限りません。

以前、350年後の日本を見てみました。

人口が2600万人くらいで、すごくいいところでした。個人による土地所有が放棄され、人々が暮らすのはコロニーのような集団住宅で、完全免震、新素材でできています。

土地所有という概念がないので、野山や里山に行くときは「何日の何時に行ってもいいですか」と許可を得ていました。

完全な機能分離で、住居部とか、自然環境とか、工場とかに分かれています。

また、完全なフリーエネルギーで、自動車が浮いている。高さは1メートルくらい、ホバークラフトや反重力のような浮き方で、手で押せばすぐ動きます。

最近では、プロペラで浮くタクシーが登場しましたが、ドローンタクシーはエネルギー効率があまりよくないし、プロペラが当たると死んでしまうので危ない。風もビュービュー吹いてしまうし、あまりよくはないですね。

素晴らしい未来がすでに存在していた!?

なぜ350年後なのか。

紆余曲折あって、その手前はいろいろ不遇な時代が続きます。80年後には、世界も日本もものすごく変わるのですが、とくにこれからの30年間くらいは大変です。

でも、今生まれてくる子どもたちは、いい子が多いと思います。最近の若者もいい子ばかりで、あまり悪い子はいない気がします。見た感じは怖いけれど、話しかけると優しいと感じますね。

話を戻すと、350年後は霊性の向上のための教育が充実していますし、完全に「波動医療」になっています。

医者はいなくて、機械が全て治してくれる。

再生医療も当たり前に進化していて、ずっと美しいままでいられるらしいのです。自分の一番イケテいる感じでフィックスさせ、85歳までそのままでいく。なので、見た目では年齢はわからず、みんな美男美女になります。

私が出会った妖怪、幽霊、妖精について

ある男性が、真夏でも冷えて冷えてしようがない。真夏でもこたつに入っていて、どこの医者にかかっても、何も悪いところがないと言われました。息子がスピリチュアル好きで、私のところに連れてきました。

その男性には妖怪が入っていて、それを引きずり出したら、長い黒髪に、真っ白い服、顔はのっぺらぼう。聞けば、「雪女」だと言う。

実は雪女は2回見ています。

存在しないと思っていたので、会えてうれしかったのを覚えています。雪女に取りつかれたのは、いずれも群馬の人でした。山で遭難したか、餓死したのか。そういう人霊が妖

怪になってしまったのだと思います。

等身大の身長160センチくらいで、しゃべることもできます。顔がのっぺらぼうなのは、感情を隠しているのでしょうか。きっと寂しい感情があるのだと思います。顔のない妖怪は実は多いんです。

私はまだ「ぬりかべ」は見たことがありませんが、「子泣き爺」のような妖怪には出会いました。

取りつかれると、体が重くて動けなくなります。

体が痛いと訴える人に、「妖怪を取ると痛くなくなりますよ」と伝えると、よく「何の妖怪ですか。一反もめんですか。ぬりかべですか」と聞かれます。

それは「ゲゲゲの鬼太郎」の見すぎです。

それは一回忘れてくださいね（笑）。

「妖怪」は、陰陽師がつくった式神の系列のほか、人間が食欲や性欲、お酒など低次の欲求をむさぼるように求めると、死んだ後に妖怪のように存在になります。

全て「霊体」ですが、気を当てると種類が違うのがわかります。

「死んだ人」で反応がなく、「妖怪」で反応が来る。人間の波動が完全に落ちてしまっている状態なので、人間ぽくもありません。

日本スピリチュアル医学協会理事の橋本和哉《かずや》先生と一緒に気当てをしたのですが、「やっぱり妖怪だね。これは面白いね」と喜んでいました。

妖怪がいても驚きませんが、数が多いと嫌ですね。寝込んでいるときに来られると、ちょっとびっくりします。

「妖精」はまた少し違って、UFOから来ます。

見えない円盤がいろいろ飛んでいますが、「今度は地球に生まれるのだから、地球の家庭を見に行ってみなさい」と言われてやって来るわけです。

地球人が何をしているのだろうと、お風呂に入っているところや、ご飯を食べているところ、ケンカをしているのを見たりして、「俺、こんな生活に耐えられるかな」と思ったりするらしいのです。

また、「小人」を見たという人もいますが、小人は妖精か幽霊です。

幽霊は波動エネルギーなので、大きさを自由に変えられます。小さくもなるし、等身大にも1・5倍にもなります。妖怪にも小さいのがいますが、妖怪は出会ったときに取りついてくるので、基本的にはどこかが痛くなったり、アトピーになったりします。

ちなみに一昨日、重度のアトピーの歯医者さんに会いましたが、妖怪は憑いていませんでした。妖怪ではないとすれば、過去世がイマイチなのかもしれません。

アトピーの原因は、妖怪が憑いていたり、過去世に原因があったり、食べ物の影響も当然あったりします。一般的には、ケーキなどをたくさん食べるとなりやすい。ケーキを食べるのをやめただけで治る子がいるくらいです。

これまでに私を訪ねて来た中で一番アトピーがひどかった女性は、ターバンを顔中にぐるぐる巻いていました。

その人はやはり憑依だったので、星のエネルギーを調整し、2回でターバンがとれました。

3回目に初めて素顔が見えて、すごくかわいい方でした。

食の嗜好も酒の嗜好も過去世から……

食の嗜好も、過去世から来ます。

中国に3回くらい生まれた人は中華料理がとても好きですし、私はイタリアに生まれたことがあってイタリア料理が好きです。

お酒の嗜好も影響があります。

私は1代前はドイツにいたので、ビールがすごく好きです。過去にお酒で体を壊した人は、後の人生では、基本的に逆転して下戸《げこ》になるパターンが多い。男↓女↓男…と交互に生まれ変わるのが基本なので、酒で羽目を外した男の次は、真面目な女性になる。男性で「飲む、打つ、買う」をやると、次は「おしん」みたいな女性としての人生が待っています。

子どもは家庭環境を、兄弟姉妹の役割も選んで生まれてくる

家庭環境も自分で選んで生まれてくるのですが、中には貧乏で大変な家を選ぶ子もいる。また過去世が悪いと、スタートは過酷なところに入ってしまう人もいます。時々、そういう環境にとてもいい子が入ってくるのは、自分の障壁をわざと上げてくるからです。なので、1回の人生での成長度がすごい。

最近地球に来たのに、いきなり「東大入試を頑張ります！」みたいなことですね。「トンビがタカを産む」というケースは、ダメな一家をその子が支えるというパターンです。

変な子ばかりが集まると家がすぐに破綻してしまうので、中にいい子を混ぜる。とくに兄弟姉妹は全く違うタイプの子を入れるシステムなので、3人いると三者三様ですね。

別のタイプを組み合わせる理由を神様に聞くと、最初に、家庭という枠の中でこの世の多様性を勉強するためには、兄弟が真逆なのがいいそうです。例えば、自分がすごく几帳面で真面目なら、ものすごくずぼらで豪放磊落《ごうほうらいらく》なメンバーがいると、社会に出てもびっくりしない。

第一子は自由に親を選べるのですが、次に生まれる子ども以降は選択肢が変わってしまう。例えば、「音楽家になりたいので音楽家の両親のところに入りたい」と思っても、すでに長男がいる場合は、違う子が選ばれるらしい。つまりは、タイミングです。

逆に一人っ子は、次が予想されている場合もあるけれども、だいたいはこのお母さん、お父さんを選んでやって来るのです。

池川先生も、１００人ぐらいが会場にいて、生まれる前の子どもたちが並んでいると言います。「次のチャンスはこんな家です。お父さんは大酒飲みで、ＤＶバリバリ、殴られます。お金もありません。学校も行けません。さあ、ここに生まれたい子は？」と問うと、もちろん誰も手を挙げない。最終的には、魂を成長させたい子が行くことになるのです。

長男・長女は、わりとマイルドな性格が多い。ニュートラルというか、考え方が極端ではない。

一方で、次男・次女以降になると、急に変わった子が入ってきます。そういうパターンがあるみたいですが、両親にも自由意志があるので、子どもが欲しくてもできないこともあるし、予定外に離婚してしまう場合もある。指導霊は大変らしいです。

波動医療で肉体と幽体の修復が可能になる!?

350年後には、本格的に「波動医療」の時代が到来します。

波動技術は、量子力学の素粒子の世界、周波数が変わると電波にも光にもなる光子（フォトン）、電子、空気の振動による音で、これによって肉体と幽体の修復が可能となります。

私が見たときは、各自が自動機でセルフチェック、セルフケア行っていました。

この前、神戸の内科の女医さんが来て、1時間くらい現代医療の闇を説明し、勤めている病院の愚痴を言って帰りました。彼女は今勤めている病院を辞めて、波動医療のクリニックを開業すると決め、私の技術をいろいろと勉強しているところです。

今後は、お医者さんも波動医療に本格的に参入してくる可能性はありますが、問題は、クリニックは厚生労働省の管轄なので、標準治療をやらないと法律的にすごく難しい立場になる。

そのため、さまざまな医療機器を購入し、スタッフをそろえようとしたところ、初期投資が1億円近くにもなることがわかった。医学博士の資格があるのに、現状ではクリニックではなく「気功治療院」みたいなのを開くしかないのが実情です。

未来医療は、高度な再生医療が行われていると言われています。

波動を使って、ずっと35歳の見た目のままの90歳の老婦人が出てきたり、男も女も年齢不詳の美男美女であふれたりしています。

そのころには、人間の価値は経済力はなく波動チェッカーで診断され、「あの人はまだ波動が3だね。早く5か6になって、あのレストランに行きたいね」とか「波動が7以上じゃないとあのホテルに泊まれないらしいよ」といった時代になっているかもしれませんね。

未来波動治療機を私はアカシックレコードで見てきた⁉

私がアカシックレコードで見た未来波動治療機は、カプセルのような形状で、パカッと開いてその中に人が入ります。フロアにたくさん置いてあり、専属スタッフは監視とアドバイスをするだけで、医者はいません。基本操作は自分で行います。

ＳＦ映画と違うのは、開腹手術などはせずに。全て「波動」で治す点です。「まずメインスイッチを押してください。次に、左の青い診断ボタンを押してください」という音声ガイダンスが流れ、ボタンを押すと、１分ぐらいで悪い箇所が全部表示されます。

その病気や症状に合わせて、量子波動と電子波動を使い分け、一斉に波動調整をしてくれます。１日２時間くらいでかなり健康になり、いったんよくなった人は、たまに来ればいいのです。

私は会社員時代に医療機器をつくっていましたが、15年前ころのアメリカでは、昔のデータと重ねてズレているところを色で表示するという治療が主流でした。

日本は今でも、以前の画像と今の画像を比較することはしません。

さらに現在のアメリカでは、診断機を使って「心肥大の傾向がある。考えられる病名は、１、〇〇、２、△△……」と自動で結果を教えてくれます。性能がいいので、医者はいりません。とくに、前との比較を画像処理して見せてくれるのでわかりやすい。このようなシステムはアメリカにはたくさんありますが、日本ではほとんど見かけません。その場で結果を見るという、いいかげんな状態です。

将来は「外科医」も「内科医」もなくなる⁉

先日、私のところに来た人は、自分の症状がリーキーガットだと思い、近所の胃腸科病院に行ったところ、そこの院長先生は「そんな病気は聞いたことがない」と言ったそうです。新しい病名ですが、知らない医者もいるということに衝撃を受けました。

ハーバード大学教授の未来予測で、将来なくなる職業の中に「外科医」が入っていましたが、私は「内科医」のほうが早くなくなるのではないかと思っています。交通事故等でケガをした人の手術は、波動よりも外科医です。事故がある限り、外科医は残るでしょうね。将来的には、自動車は全部自動運転になるので交通事故は激減します。

とは言っても、自分で高所から飛び降りるとか、間違えて手などを切ってしまう人が必ず出てくるので、緊急オペは必要になると思います。

物質には幽体エネルギーと波動エネルギーがある⁉

3次元体の肉体を見ると、「エーテル体」、「アストラル体」、「メンタル体」などの高次元体が存在します。また肉体だけでなく、その他の物体にも高次元体が存在します。

例えば茶碗には、茶碗という物体と、茶碗のエーテル体とアストラル体があるのです。物質があるものは、幽体エネルギーという波動のエネルギー部分が必ずあります。

高次元体は気のエネルギー体で、振動数が高く、情報量が多いのが特徴です。

人の手でつくられた茶碗やコップには、波動エネルギーが入っています。妻の友人が銀座で個展を開いたので、エネルギーが一番高いのはどれか、気当てをしてみました。いずれもエネルギーが高かったのですが、低いのが一つありました。

「このコップからは全然エネルギーを感じない」と伝えたら、「これをつくったとき、インフルエンザで38度5分の熱がありました」と。面白いですよね。

人間国宝の茶碗は、神とつながったままつくっているので、茶碗の波動がいい。みんなが「さすが昭和の人間国宝の○○先生ですね」と感じるのは、波動で見ているのだなと思います。

その個展のときも、割れた茶碗が一つあって、「これは波動が高いね」と言うと、「飛沢さん、すごいですね。それは人間国宝がつくった作品で、割れたのをいただいて飾ってあります」ということでした。

私は波動だけで見ています。波動が高い人がつくったものは、やっぱり温かみが感じられます。

経路はエーテル波動が流れる気通り道

肉体では、その人を判断することはできません。

肉体だけを見た場合、女性はとくに見てくれのいいほうがよしとされますが、波動が低いと、「この人は美人だけれど、ちょっとあれだな」と、何か気持ち悪いのです。

エーテル体は、幽体の一番低波動部分ですが、人間の肉体と幽体をつなぐエネルギーの波動です。エーテル体は波動が一番落ちた気のエネルギーが流れます。そこを「経絡《けいらく》」といいます。経絡は、エーテル波動が流れる気の通り道です。

また、エーテル体は熱で溶けるので、人間を火葬すると必ず幽体離脱が起こります。

一方、土葬の場合は、そのままずっと肉体と幽体がくっついていることがある。

なので、火葬文化の国はスピリチュアル度が高いと言われているのです。燃やさないといけないことがわかっている。とくに哺乳類は、燃やさないとちゃんとあの世に帰れない。スーッと上がれないのです。

幽体のがんのエネルギーをなくす⁉　肉体と高次元体（幽体）との関係は？

肉体のダメージは幽体のダメージ、幽体のダメージは肉体のダメージなので、肉体と幽体はミラーの関係です。

ただし、幽体はすぐに治せるのですが、肉体を治すのには少し時間がかかります。実はうちの犬と追いかけっこをしていたときに、犬が急にターンするので一緒にターンしたら、足に肉離れを起こしてしまいました。幽体のほうは自分で治したのですが、肉体はまだ痛い。波動治療機で肉体の波動を調整したら、だいぶよくなりました。

また、現在、遠隔で2人のがん患者をヒーリングしています。

幽体のがんのエネルギーをなくすと、肉体のがんのエネルギーが落ちていきます。2人の状態がかなりいいので、このやり方でヒーリングできるかもしれませんが、がんになる人は、ほかにも心の問題が大きく影響しています。「がん気質」とも言えるような、固執した考え方を変えないといけない。

許容できる幅が狭いというか、「僕はみんなの思っている概念の、ここしか信じない、そのほかは絶対ダメ」という頑固な人は、がんになりやすい。そういう人は生きづらいし、本当はそこを治したいのです。

病気の原因について（「考え癖」も要注意！）

1：肉体起因の不調
2：精神起因の不調
3：幽体起因の不調

「病気の原因は肉体と幽体の2つ」と先述しましたが、実は、その間に「精神起因の不調」もあります。

過去世から見てもわからないけれど、今世の「考え癖」で病気になる人も結構います。何でもこうだと決めつけてしまう固執した考え方です。

とくに、恐怖心などで気を放出してしまうと、免疫機能が落ちるので感染症になりやすい。新型コロナウイルスにも要注意です。

また、精神的ストレスは幽体を弱体化します。

とくに自己否定的な考え方は、幽体のエネルギーがものすごく下がるので、憑依されやすくなってしまうのです。

肉体起因の病気（太り過ぎのケース）

1：打撲、切り傷など物理的なダメージ
2：過労による筋肉等の疲労
3：毒物・異物の飲み込み
4：栄養のアンバランス
5：過食による肥満

肉体起因の病いは、大きくこの5つに分けられますが、太り過ぎという理由で、よく女性のお客様が私のところに来ます。男性はあまり来ません。太っているのは、基本は肉体起因です。

何のカルマもなく。妖怪もいない。体重を支えられなくて、膝が変形しており、だいたいは筋肉不足です。

70歳くらいの女性が「膝が痛いので、どうしたらいいですか」と言うので、「まずは痩せてください」と伝えました。聞いてみると、あんドーナツが好きで、そのほかにもケーキをよく食べているとのことでした。

アルコール依存と妖怪、憑依のケース

肉体起因には、薬物系もあります。

ある人のアルコール依存症を治すのには、半年もかかりました。脳が完全にアルコール依存になってしまっている場合は、治すのが難しい。

依存の状態がその人の通常の状態なので、とてもたくさんの量のお酒を飲むのです。そんなに飲んだら死ぬだろうというくらいにです。

そして翌日は飲めない。ワーッと1升飲んで、1日休んで、また1升飲む。

もともとは精神起因なのかもしれませんが、スタートが憑依の場合もあります。酒飲み妖怪に取りつかれて、酒を飲む。それがだんだん常習化していき、脳がそれに慣れてしまうとアルコール依存症になります。憑依があるかどうかは、結構重要です。

肉体起因のケース

単純な打撲や切り傷は、完全に肉体起因です。血がドクドク流れているときは、波動医療で治すより、まずは血を止めたほうがいい。粘膜のダメージなので、当たり前ですが傷には止血が一番です。

過労による筋肉等の疲労も、毒物・異物の飲み込みなども、当然、肉体起因の病気ですし、栄養のアンバランスによる病気も結構あります。

これで真っ先に思い出すのは、35歳くらいの男性が来て、すごく体調が悪いと言う。気はそんなに悪くないので、日ごろ何を食べているのかと聞いたら、バナナとヨーグルトしか食べない。インターネットで「バナナは完全食」と書いてある記事を見たそうで、この人は危ないなと思いました。学校で栄養についてちゃんと習っていないのです。

炭水化物カットは危険

食事のことで言えば、過度の炭水化物カットも危険です。

あまりにも糖質を減らすと血管が切れやすくなるという、ハーバード大学の論文もあります。突然死の可能性が高くなります。

最近読んだ、医師が書いた脳の本にも書いてありましたが、糖質カットは日本人には合わないそうです。とくに完全にカットするのはやめたほうがいいです。フルカットをした私の知り合いの編集長は、脳内出血で55歳で亡くなりました。

炭水化物は、その人の運動量に合わせてとればいいのです。過度にカットすると、体に大きなストレスがかかります。

例えばフルマラソンの前のカーボローディングは、炭水化物を規定値より上げるのですが、まず、一度ゼロにする。オールオフといって、3日間は炭水化物を一切とらずに、毎日20キロ走るのですが、3日目になると足が動かなくなる。その後、カーボローディングに入りますが、体調が悪くて走れなくなる人も多い。

私は炭水化物カットは全然ダメでしたが、体質にもよります。欧米人は糖質オフに向いているとも言われていますが、オールカットは血管が弱くなって、突然死のリスクが高まる。

逆に、炭水化物をたくさんとると血管が太くなり、動脈硬化になりやすいというのは正しいようです。知識がないと難しいですが、栄養のバランスも塩梅《あんばい》が大事なのです。

精神起因の病気、過去世カルマの解消のケース

1：人間関係（家庭、職場、親族、友人等）のストレス
2：各種（金銭関係、仕事関係）のトラブル
3：病気、体調不良によるストレス

精神起因の病気の相談の多くは、人間関係のストレスによるものですが、中には過去世から来る場合もあります。

職場の人はみんな敵だと言う人がいましたが、「過去世のカルマの解消が続くので、我慢してください」と伝えるしかありませんでした。

また、金銭とか仕事関係のトラブルは、大したことでもないのにトラブルにしてしまう人もいるので、原因がよくわからないことも多いのですが、社会人としてしっかり勉強してほしいと思うこともあります。

一方で、借金取りに追われて首が回らないという人は、胃系の筋肉が張っている。胃が

痛くなって、頸椎屈曲筋、伸展筋がグーッと締まって、本当に首が回らなくなります。だから、胃痛は精神起因なんです。

親との和解は最重要

精神起因は、やはり人間関係の問題が一番多いのですが、親子であれば、最後の一瞬でいいから、親が死ぬときに絶対にいい関係で終わらせなければいけません。そうしないと、来世で同じことがもう一回起こります。

強烈な親も確実にいるので、それは弱るまで待つとか、あまり会わないようにする。そして最期を迎えるとき、「あなたが私の子どもでよかったわ」と言われないといけないのです。最後の5分でいいそうです。頑固な親が多いので、つかず離れずで結構ですから、最後に仲よくできれば1面クリアです。親と子の関係は私もとても気になっています。両親が亡くなったばかりなのですが、私は何とかクリアしました。

幽体起因の病気（色情霊はけっこういる!?）

1：霊体の憑依
2：邪気（生霊：強い思い）の憑依
3：過去世のカルマによる幽体のエネルギー低下

幽体起因とは、霊体や邪気の憑依による病気ですが、霊体にもいろいろな種類があります。

宇宙系では、宇宙霊、宇宙妖怪、この世系では死んだ人、ふつうの人間、ムー大陸の霊体、アトランティス、レムリアの霊体がいます。妖怪シリーズもいます。雪女、餓死した人間が妖怪になる餓鬼などなど。

色情霊は死ぬまでにセックスができなかった霊で、それに固執しているので、取りつかれると性欲の塊みたいになってしまう。色情霊は結構いますね。女性はそもそも「この男性でなければ嫌だ」と自分で選んでいるので、誰でもいいからセックスしたいということがあれば基本的には憑依されています。その人に原因があるわけではなく、憑いている霊が悪いだけなのです。

一方の男性はもともと一夫多妻であり、脳が「あるレベルの女性だったらいい」となっているのを、前頭葉で抑えているのです。男も色情霊に取りつかれるとひどい。異常な性欲は憑依で間違いないです。

幽界という隠れ家がなくなり、幽体があふれている⁉

憑依霊は、浄化せずに自然にはいなくなりません。

本人は帰ろうかなと思っても、エネルギーが足りないので、エネルギーのある人のところに行くか、手っ取り早くこの人に憑いておこう、となる。

今、アセンションで地球の波動が上がっており、幽界という隠れ家がなくなって、地上にものすごい数の幽体がいます。レムリアからムーまでいる。中でも、エネルギーを奪っていくレムリア人の幽体は不気味ですね。すごく攻撃的というわけではないのですが、まわりを取り囲んでくるので要注意です。

霊体に憑依されると、なかなか厄介です。人間は、自分の星のエネルギーが足りなくなると魂が小さくなってしまいます。第9チャクラが開いて自分の星を探しに行くときに、自分の星にいたペットみたいな、宇宙妖怪みたいなのが来てしまうのです。ちなみに、宇宙が好きな人は、宇宙霊が憑依していることが多い。あるＵＦＯ研究家も宇宙霊がたくさん憑いていました。

レプタリアン系の宇宙妖怪

宇宙妖怪には、龍に似ている「レプタリアン」もいます。「私の体に龍がいる」と言う人には、レプタリアン系の宇宙妖怪が憑いている場合が多い。

レプタリアンも厄介で、私は見えますが、空中に飛んでいないでパッと取りついて来る。

昔は「いた」と言っている人がいましたが、ふつうの人にも見えるのでしょうか。

余談ですが、国旗に星が描かれている国は、レプタリアンがつくったと言われています。

アメリカ合衆国は星だらけ、中国も星がありますね。

神の国の象徴は太陽ですが、太陽だけをモチーフにした国旗は、日本以外にありません。

星とか月はあるし、太陽と何かを組み合わせたものはありますが、日本は白地に太陽のみで潔い。

「どの民族がすごい」と言うのはあまり意味のないことですが、日本は霊的に見るとやはり異質な存在です。外国に行くと、国民性の違いに気づかされます。

幽体起因の不調の場合、「生霊」や「邪気」の憑依も結構あります。

人に恨まれると（とくにいじめ）、生霊がたくさん取りついてくる。これが憑いていると、体が痛くなります。五寸釘系の呪いがかかると、体に傷がつきますね。

アブダクションのケース

「アブダクション（宇宙人による誘拐）」を訴える人は、基本的に幽体のみが拉致《らち》され、肉体は連れて行かれません。「幽体に何かされた」と言い張る人も多いのですが、面白いことに人間は「やられたと『思う』」だけで、そうなるのです。

アメリカやヨーロッパには、イエス・キリストの生まれ変わりと自称する人がたくさんいます。手のひらに聖痕があり、血が出てくる。自分がキリストの生まれ変わりだと強く思うと、体がそういう反応を起こすのです。想像妊娠と同じですね。私のお客様で「自分はＡＬＳだ」と思い込んでいる方がいますが、驚くことにＡＬＳの初期症状が出ています。

憑依だと思い込むと憑依そっくりの症状となる

また、「憑依」だと思っている精神疾患の人もいました。私が見たところ憑依はないと判断し、紹介した心療内科で処方された薬を飲んだら治ったと連絡が来ました。自分で憑依されていると思い込むと、憑依にそっくりの症状が表れます。「先生じゃないと助けられない。私の中にいるものを取ってください」と言うので、「じゃあ、それと話したい。君はどこから来たの。君の名前は？」と聞くと、変な声で「遠い宇宙から来ました。僕の名前を聞いたら、あなたが死ぬ」と。これは絶対に妖怪ではないし、宇宙霊でもない。自分で演じているだけで、いわば多重人格のような状態になっている。ただし、多重人格は憑依の場合もあるし、自分でつくっているケースもある。自分の強い思いで「憑依」されてしまうのです。

過去世で辻斬りだった女性

過去世で辻斬《つじぎ》りだったという女性を見たことがあります。

過去世の霊体に憑依されているケースです。首が痛くて仕方がないと言うのでヒーリングをしたところ、彼女に斬られたという霊体がどんどん出てきて、過去の話を教えてくれました。本人に「あなたは善良な市民を5人斬っている」と伝えたら、泣きながら実は自分が人を斬る夢をよく見る、と。夢の中で袈裟《けさ》斬りにしているというから、霊体が首に取りついたのかもしれません。浄化して痛みは治まりました。

生霊の送り返し

生霊の憑依も身体への影響は大きい。

でも、生霊を受ける側のほうが波動が高いと生霊が返されてしまうので、実は送った側が苦しい。

高次元レイキの研究会で、生霊を送り返すと、送ったほうがどのぐらい辛いかという実験をしました。

受けた人が波動を上げて宇宙と一体化すると、送られた念は必ず送った人に戻ります。悪意が自分に戻ってくるので、すごく苦しいのです。

また、生霊を受けた人が死んだとしても、生霊は送った人に戻りますから、「人を呪わば穴二つ」になってしまいます。

生霊のブロックの基本は、「返す」こと。すると、送った側が苦しくなったり気持ち悪くなったりするので、いつか必ず諦めます。

過去世カルマによる幽体エネルギーの低下

過去世のカルマによる幽体エネルギーの低下とは、過去世から病気の原因が来ていることです。肉体的には何の欠陥もないのですが、肩とか顔が痛い。我慢できないほど痛くはないのですが、過去世のケガとか病気が幽体エネルギーに残っているのです。

エネルギーの低い箇所が病気になりやすい。どこが弱いかは、気当てでわかります。私も過去世のカルマはずいぶん治してきましたが、気のチューブで治るので、札幌にいた患者がよくなった例があります。

過去世カルマによる不調は、中年以降、とくに40歳くらいから起こります。

カルマの表現は、過去にあった（行った）いいことも悪いことも全てが含まれるので、過去に手首を踏まれて骨が砕けたことがある人は、今世でも手首の調子が悪くなる。

また、目がしょぼしょぼして痛いという人が来たときも、気当てによって過去世のカルマだとわかりました。目に関する過去世をずっと見ていくと、その人はローマやペルシアの戦いでガレー船をこいでいる奴隷でした。彼らは逃げないように目を焼き潰されていたのです。

その過去のデータを「奴隷として捕まる前に逃げた」と書き換えたら、目の痛みが取れました。「先生、すごいですね！」と言われて、自分でもびっくりしました。いつも驚くべきことが起こるのです。

過去に目を潰されているような人は目が弱いので、緑内障や白内障、黄斑変性症《おうはんへんせいしょう》に注意したほうがいいですね。最悪、失明のおそれがあります。

憑依と肉体ダメージ、過去世の合体のケース（複合化する病気の原因）

私を訪ねて来る人の病気の原因は、多くは複合的で、憑依と肉体ダメージ、さらに過去世のダメージが合体しています。1つずつ取っていき、3つ取るとだいたいの方はよくなります。

複雑にからんでいるので、1つずつ順番に見ていきます。

手順が決まっていて、まず「憑依」を取り、次に肉体起因を気当てで見ていく。順番に取っていくと、相手は次第に健康になりますが、霊体を浄化すると私の負担も大きい。できればこういうのは機械で取りたいというのが私の希望です。最近はなかなかいい機械も出てきて、憑依も取ることができます。

量子波ドームなんて、誰でも機械に入ればどんどんよくなるのです。

どうしても原因がわからないときは私が見ますが、その前の段階までは、いずれは機械化したいと思っています。

Chapter 3

量子波とヒトの未来

幽体波動のズレ

幽体の波動が正規の波動からズレていると、幽体起因の病気になります。

肉体にも波動があります。肉体の波動が正規の波動からズレていると、病気になります。

肉体は物理的に振動しているのに加えて、生体電流が体の中に流れています。電気治療機もありますが、最近の機会は結構よくなっています。

「波動治療」とは、この波動のズレを各種波動エネルギーで正規の波動に修正する治療です。幽体の波動がズレていると病気になるので、私が気を入れて波動の正しい宇宙のエネルギーをバーッと流すと、マイナスが消えていきます。

幽体も肉体も波動が重要

幽体は、とても小さい「素粒子」の波動です。

日本サイ科学会の関英男先生は、それを「気の粒子」とか「サイ粒子」と呼んでいます。関先生が亡くなられて20年くらいになりますが、関先生と大阪大学の政木フーチの政木和三《かずみ》先生は、日本のスピリチュアル界を科学的な面で引っ張ってきた先生方です。関先生もずっと幽体の話をしていました。サイ粒子の振動ということで、とくに幽体は波動の塊なのです。

肉体の波動は、電子の波動（生体電流）と、物理的な振動も出ています。

「波動」とは何かというと、振動です。振動には、振幅と振幅強度があります。何が振動を起こすかというと、音は空気の振動を起こします。電子の振動は生体電流です。光子は光、電波を起こします。

光と電波というのが面白い。素粒子は量子で、量子波は気のエネルギーに近いものです。

電子と光子は仲よし

科学的に言うと、電子（エレクトロン）と光子（フォトン）はすごく仲よしで、すぐ変換します。科学は、勉強すればするほどわからないことがたくさんあります。

ＬＥＤ電球がものすごく小電流でよい理由は、エレクトロンとフォトンを交換しているからなのです。エレクトロンを量子変換してフォトンに変える。その物質のホール（穴）にエレクトロンがポコッとはまると、光子になる。光になるのです。

物の本にそう書いてありますが、何でそうなるのと聞くと、誰も答えてくれません。

もともと光子もエレクトロンも量子体に近いので、１個の電子がポコッとはまるという説明はちょっとおかしいかもしれません。不思議なのですが、電子と光子はすごく仲がよい。

アンテナに電気を流して、ある信号をかけます。電気が振動すると、周りにある光子が一緒に振動する。これが「電波」になります。

光子の振動電波をアンテナに当てると、アンテナの中にある自由電子が共振してくれるので、ＦＭ電波などが届くという仕組みです。

徐々に導入されている「5G」は強烈な電波で、日本では高い方では28ギガヘルツ帯というとても高い波長で直進性があります。人間の体に当たるとエネルギーがすごく強いので、中にある電子が共振して、確実に生体電流が乱れるはずです。なので、「電波は人間の体によくない」のです。人間の体は導電体ではない、とも言われますが、表面に水がついていて電気が流れるので危ないのです。

最近のお台場には5Gのアンテナが多く、結構な電波が流れています。行くと体調が悪くなりそうですが、あまり自分の身体で試したくはありません。高齢の場合は、余計に危ないとも言われていますね。5Gは確かに情報量はすごいのですが、身体への影響を考えると怖そうです。

量子波、素粒子とは？

電子も光子も、量子波の一部と言われています。一番大きい量子波です。

波動治療機で用いられる量子波は、もっと小さい「気」のエネルギーの波動です。

量子波エネルギーは、光子と電子に変換できるので、量子のエネルギーを下げるときに、光子や電子になるようです。

素粒子はなかなか測定ができないのですが、いろいろな種類があって、重力を出す素粒子もあります。素粒子は全てが見つかっているわけではありませんし、そもそも素粒子の挙動は多次元的で、どこにいるかわかりません。

まだ解明されていないことも多く、理解するのは容易ではないのです。

中には重力を出す素粒子があり、それをカットすればモノが重力から解放される。その理屈で言えば、人間も浮くことができます。

重力を出す素粒子のエネルギーをカットしているのが、とくに物資化したときのUFOの推進エネルギーだと言われています。未来で車が浮くのは、これを使っているらしいのです。

実は、人間は浮きます。『黎明』の永留さんに、「人間は浮きますか。私は浮くと思うのだけど」と聞いたら、「インドの山奥に行くと、体育館みたいなところで、みんな浮いていますよ。小さい子どももほど浮く」という答えが返ってきました。

人間は、素粒子の重力波を切って浮くことができるのです。

宇宙全体が気の粒子「サイ粒子」で満たされているので、サイ粒子の波動に乗って、U

FOが50万光年のアンドロメダから一瞬のうちに来ます。波動を一瞬のうちに動かすことができるからです。

例えば、全体的にビーズが並んでいるところで、右端のビーズを押すと、同時に左端のビーズが動きます。UFOが波動を起こすと、50万光年離れていても振動波動で、同時にここにUFOができます。

「同時に存在することができる」＝「移動する」というのが、ワープの原理です。宇宙全体を満たしている粒子が存在し（ダークマターなどは詳しく調べていませんが）、それに近いものだろうということのようです。

素粒子の挙動は多次元的で、どこにいるのかわからない。不思議な世界なのです。

物質は素粒子により構成される

私たちは、「物質は原子と分子からできている」と教わってきました。

それも合っているのですが、原子は素粒子によって構成されているのです。

原子の密度はスカスカです。水素原子は、陽子1個に電子1個。例えば、バレーボールの球が陽子で電子は山手線、そのくらい離れています。山手線の品川駅から、皇居にあるバレーボールは、ほぼ見えません。そのぐらいスカスカなのです。

また、炭素は12個ありますが、原子半径がもう少し大きいだけで似たようなイメージです。皇居にかごに入ったバレーボールが12個あって、山手線の外側、圏央道ぐらいを電子が回っている。圏央道の三郷あたりから、皇居にあるバレーボール12個が見えますか？

余談ですが、地球ですら、ブラックホールに入ると角砂糖1個分の大きさになると言われていますよね（これが本当かどうか、私は知りません）。

さて、素粒子をコントロールできると原子は瞬間的に消えるので、分子も突然消えます。突然現れることも可能です。

つまり、素粒子をコントロールすることで、物質を消滅させたり、出現させたりすることができる。

800年（？）くらい前に、タイのお坊さんたちがマントラを唱えると、ビッグバンが始まったそうです。宇宙の中心がビッグバンなので、同じようにそこがちょっと光って、仏像とか珠が出てきました。

サイ科学会もタイに行って写真を撮ってきましたが、どうやらそれは本物で、その写真を応用物理学会で発表しました。サイ科学会と応用物理学会には大きな差があって、応用物理学会は社会的に認知された学会ですが、たくさんの人がとても興味を持っていて、立ち見もすごかった。私たちは有機ＥＬとかを応用物理学会で発表していました。

正直、私はどんなものかなと疑問に思っていたのですが、映像を見て本当だと確信しました。丸い珠が出てきて、その真球度をはかったら、人間がつくる限界を超えた数値でした。マントラを唱えることで、空気中から宇宙の始まり、ビッグバンみたいなものをつくれる。あらためて人間の驚異を感じました。

ただし、そこに参加するには酒断ちしなければならない。アルコールが入っている人は参加できない。また、真実かどうか疑っている人が洞窟に入って、洞窟の中で消えたというのです。

「私は信じています」とウソをついて、洞窟に入ってしまった。奥は行き止まりになっているのに、絶叫しながら、いなくなってしまった。そんなトリックが起こる場所ではないと、サイ科学会の人が言っていたので、別の次元に行ってしまったのかもしれません。

すごい世界が、徐々に広がってきています。

人間がモノをパッと出すことができるのです。昔、あるお坊さんが、空海と天皇の前で、水を手に持ってグツグツ沸騰させたという逸話があります。天皇はたいそう驚き、空海はそのお坊さんを呪い殺してしまった。そういうのを見せてはいけない、と。

空海もできたそうですが、まだ時期ではないということだったのでしょう。「沸騰」というエネルギーも、素粒子のエネルギーで出すことができます。つまりは、人間がすごいということなのです。

人間の意思は素粒子に影響する

人間の意思によって、素粒子の挙動が大きく変化します。

意思、思い、考えは強大なエネルギーを持っています。

人間の思いがすさんでくると、とんでもない天変地異も起こり得るわけです。

1982年、私がアメリカ駐在員だったとき、シリコンバレーにあるIBMとスタンフォード大学の研究所で、リニアアクセラレーターで素粒子をぶつけてどんどん細かくするという実験が行われていました。

実験の前に、「みんなが『こういう結果を求めるための実験』だと思っていると、そのとおりになってしまうので、この実験はどういう結果を求めると誰にも言わない」と注意がありました。

そうしないと、素粒子が意図的なところに飛んでしまって、アトランダムなデータがとれないからということでした。

ヒマラヤ聖者の空中浮遊も、またすごい。

私の研究会に、ヨーガ行者の成瀬《なるせ》雅春さんのお弟子さんがいます。最初に「成瀬さんは浮くんですか」と聞いたら、「いかにも」と言われた。「どういう場合に浮かないんですか」と問うと、「否定的な人、信じない人がいるだけで浮かないんだよ」と答えたそうです。

私は、人間は浮くと思っています。

『黎明』の永留さんも、インドの山奥では本当に体育館でみんな3メートルぐらい浮いていると言っています。とくに子どもがみんなよく浮くのだと。なぜかと言うと、子どもは既成概念がないからです。

グルが「こう考えて、こうやって。ほら、私は浮いているでしょう」と言えば、純粋な気持ちでトライする。だから浮くらしいのです。

否定的な考えを持つことで浮かなくなる、というのはすごいことですね。みんながこういうことがわかってくると、「考え」や「思考」がものすごく重要だということに気づきます。がんになる考え方は、1つはこういうところから来るのだと思います。私は、何がなんでもがんを治したいのではなく、魂の成長という面とあわせて、勉強しながら変わってきたらいいなと思うのです。

霊体は量子波を出す

意思のエネルギーは、幽体からエネルギーの量子波を出します。お化けがエネルギーを出して、パソコンなどを壊すのです。

私が使うパソコンは、いつも1年半くらいしかもちません。先日、札幌で公演をする際に動かなくなってしまい、とても困りました。もともと電子機器は微弱電流なので、壊すのは簡単なようです。

また、人間も量子波を出します。

ケンカの多い家庭では、電化製品がよく壊れます。霊体が多い家庭でも、電化製品は不調をきたします。

低波動の電子波は、量子の流れを阻害するので、霊体などが取りつくと、スマホが動かなくなります。心当たりはありませんか？

量子波で幽体を治す

量子波発生装置は結構すごいので、私は感動しました。

私のところにも小型版があります。最近、性能が顕著に向上しています。新納清憲《しんのうきよのり》先生がつくった装置で、私も入ってみましたが、とても温かく不思議なところです。一緒に十何人いて、憑依のある人も3〜4人いました。装置に入る前と後でチェックしたのですが、憑依はみんな取れていました。

その霊体がどこに行ったかわからない。そのまま消えていればいいけれども、機械の周りにいるオペレーターは危ない感じがします。

機械による副作用は全然ありません。肌がツヤツヤになって、不思議な機械です。アンテナみたいなものを使って、宇宙からのエネルギーを増幅して、中で回すみたいです。

ヒーラーが出す量子波も「気」です。私も量子波を出しています。

パワーストーンも量子波を多少出しています。ただ、なくなる場合があるから、ずっと出続ける機械はいいいと思います。

病気と気のエネルギーの関係

病気の人の気のエネルギーは、健康な人に比べて量子波の低周波部分のエネルギーが高く、高周波部分のエネルギーが低いという状態です。

気のエネルギーで病気を緩和するときは、気のエネルギー（量子波）の高周波の量子波を当て、幽体の量子波動の低周波部分のエネルギーを減少させ、幽体エネルギーを全体的に高周波側にシフトさせます。

人間のヒーラーより機械のほうが、高波動部分が強い感じがします。基本的に、低波動部分は憑依とか、疲れとか、マイナスの感情があるので、そういうのが消えていきます。

量子波ドームに入った感じは、温かくてホワッとする。

人が出す気のエネルギーと量子波装置のエネルギーは、人間のほうが低波動が出るので、気を流すとちょっと温かい感じがします。

量子波の機械も結構いいのができていて、驚きです。憑依は機械で取れる時代が近づいてきています。

先に、350年後の未来という話をしましたが、もっと早く実現する可能性はあります。

ただ、製薬業界はなかなかの利権社会なので、日本も外国も、結局はお金なのでどうなるでしょうか。

例えばアメリカでは、たばことお酒は体に悪いから、法律でテレビのコマーシャルは流せないことになっています。ビールもウィスキーも宣伝できません。

ところが日本では、ビールメーカーが大スポンサーになっているので、大手メディアは「酒はよくない」とは言えません（たばこは、日本ではもともと専売公社だったので、叩いてもよかった）。製薬メーカーもたくさんスポンサーになっているので、薬が売れなくなると困る。

私は、高額なサプリメントを飲むよりも、量子波ドームに入ったほうが健康のために効果があると思います。気のチューブでセロトニンとかドーパミンを入れると、病気がよくなる。そして量子科学的に波動が上がってくると、人間の体の中の必要な要素をつくれる可能性があるのではないかと思います。

量子波発生装置はこれから！

「量子波発生装置」は未来の技術で、今後、さらに発展していきます。現在もすでにいくつかありますが、もう少しいい装置が出てくるでしょう。一人1台の時代が到来し、医療は大きく変わるでしょうね。

私は、小さい装置を4台持っています。1台10万円ぐらいで、体に当てて使っています。現在、1台は遠隔で宇宙妖怪と戦っています。宇宙妖怪に取りつかれた女性がいるのですが、包丁を振り回したりするので、憑依を取って、ブロックもかけながら、さらに機械で写真に量子波をずっと当てています。

昨日も「すごくよくなりました。夜も静かで、ご飯も食べています」と電話がかかってきました。

電子波で肉体を治す

肉体は、電子にとても敏感です。基本的には、肉体は「電気」で動いているので、電気が止まれば、必ず何かしらの機能が止まります。

生体電流は微弱な電気の波動なので、強い電気で感電すると死んでしまいます。100ボルトの60ヘルツでも50ヘルツでも、お風呂の中に電気をバンと流すと、瞬間的に50ヘルツが体の中をめぐるので、生体電流を全部止めてしまいます。パルスジェネレーターが動かなくなるので心臓が止まる。雷に打たれるのも同じことです。

ですが、生体電流というのはものすごく効果があって、雷に打たれたらお医者さんがピアニストになってしまったという逸話があります。

大脳に電気を流すと、変なことが起こる。カナダの脳神経外科医のワイルダー・ペンフィールドは、てんかんの患者の側頭葉の電気を測り、間違えて逆に電気を流したら、その患者が4歳のときの食卓のことをしゃべり始めたという。

その情景をすごく細かく言うのでメモしたら、その記憶は何ひとつ間違っていなかった。ペンフィールドは、「脳はほとんど全てを記憶しているのではないか」と言っています。

脳と電気の関係はとても面白いです。

全ての臓器、細胞は生体電流があり、病気の部位は電子の波動が基準値からズレてしまっています。肉体は、生体電流が止まると活動を停止します。これが死ぬということです。

また、肉体の水分と電解質がなくなっても死んでしまいます。

戦国時代、敵の兵隊を捕まえて城の弱点などを聞き出したいとき、足に石を載せたりする拷問もありましたが、日本人は頭がよいので、そういう粗野なやり方ではなくて、塩分断ちの食事をさせました。1週間、塩が一切入っていない食事をさせると、体の中の電解質がなくなってきて、超意志薄弱になるそうです（電解質は意思伝達を司っているため）。

ものすごく従順になり、言われたことに抵抗できなくなって、何でも話すようになるらしいのです。

塩分は重要です。最近は、血圧が高いと減塩しろと言われ、塩分は悪者になっていますが、そんなことはありません。塩分がなくなってもダメなのです。

肉体の生体電流を整える

肉体の生体電流のズレ＝病気なので、その波動を修正すれば病気は治ります。その方法はいたってシンプルで、正しい電気波動を流すことでそれに同調しズレが修正されるという仕組みです。

私も、電子波動調整機を持っていますが、これがとてもすごい機械で、がんも治るし、いろんな病気が治ります。この機械はまだ発展途上ですが、かなり実用できるレベルになっています。

もちろん弱点もあり、どこがズレているかがわからない。つまり、正しい波動をどこに当てたらいいのかが判定できないのです。測定機はあるのですが、ズレている箇所がたくさん出てくるので、優先順位をつけてくれると便利ですね。

ただ、私は気当てでズレがわかりますし、わかるお医者さんも少しずつ増えてきているので、結構いい時代になってきたと思っています。

（了）

あとがき

本書をお手に取りお読みいただき誠にありがとうございます。

本書を書き終えて、とても爽快感と達成感を覚えました。これは「私が書かなければならないものが出来たのだ！」と強く魂で感じたからだと思います。私の指導霊から聞いている私の今生のミッションの一つが、スピリチュアル全体像をわかりやすくみなさんに説明すること、だからなのです。

本書では、上手く実例を通して説明できたので、より具体的に、先祖霊、憑依霊、過去世が今生にどのように影響するかがある程度、理解できると思います。これによりスピリチュアルは決して怪しい物ではなく、我々自身の本質であり、全ての事象のバックには広大なスピリチュアルの世界があることを、少しでも実感していただけたら幸いです。

正しいスピリチュアルの知識を得て、さらにその技法を習得することで、みなさん自身の人生や親族、友人の方々の人生を改善することは実際に可能です。

私はこの技法についても各種講座を実施しており、既に数百人の方々に技術を伝承しており好評を得ております。

私はその「量子ＨＡＤＯ」技術を勉強、実践して、自分と周りの人の人生を改革する方々をより多く増やしたいのです。

最後に、いつも貴重なアドバイスを与えてくださる健康まなび家の井筒代表、本書を出すにあたり色々とご無理をしていただいたヒカルランドの石井社長、編集者の石田さん、ありがとうございました。本当に感謝いたします。

飛沢誠一　とびさわ せいいち
工学修士（化学）
高次元レイキ気功療法士・指導師、アカシックレコーダー、スピリチュアルヒーラー
1957年生まれ。
東京農工大学大学院工学研究科化学工学専攻を修了し、小西六写真工業（現・コニカミノルタ）に入社。
31年間にわたり技術開発に従事。
2012年、独自の高次元レイキ気功法を確立し、誠尚堂株式会社を設立。
宇宙エネルギーによる癒し、カウンセリング、講演、セミナー、コンサルティングなど各種活動を行っている。
著書に『これからのビジネスエリートは「見えない力」を味方にする』（東洋経済新報社）がある。
http://www.seishoudou.com/

人生改革！ 過去世5代×先祖×憑依霊
飛沢式「量子HADOヒーラー」養成講座

第一刷 2021年9月30日

著者 飛沢誠一

発行人 石井健資
発行所 株式会社ヒカルランド
〒162-0821 東京都新宿区津久戸町3-11 TH1ビル6F
電話 03-6265-0852 ファックス 03-6265-0853
http://www.hikaruland.co.jp info@hikaruland.co.jp
振替 00180-8-496587
本文・カバー・製本 中央精版印刷株式会社
DTP 株式会社キャップス
編集担当 石田ゆき

落丁・乱丁はお取替えいたします。無断転載・複製を禁じます。
©2021 Tobisawa Seiichi Printed in Japan
ISBN978-4-86742-022-5

神楽坂♥《ハート》散歩
ヒカルランドパーク

会場参加で
2大特典

飛沢先生の新刊
1冊プレゼント

飛沢誠一先生　出版記念セミナー
「人生を改革する量子 HADO の世界」

参加者の中
から憑依霊浄化
の実演も！

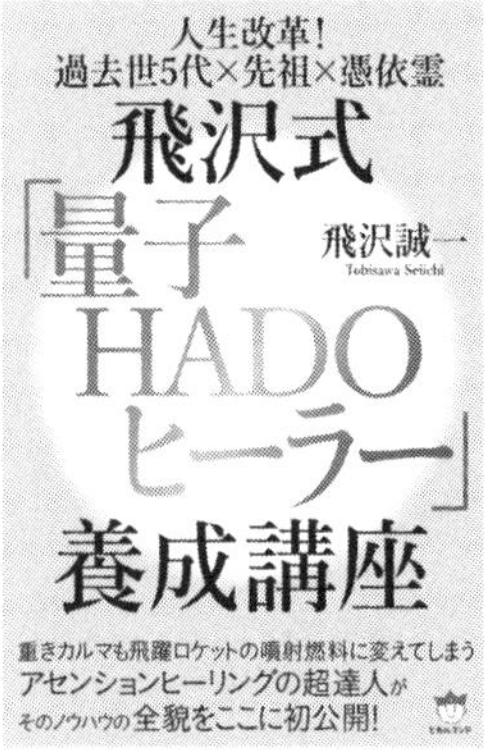
人生改革!
過去世5代×先祖×憑依霊
飛沢式
「量子
HADO
ヒーラー」
養成講座
飛沢誠一
Tobisawa Seiichi
重きカルマも飛躍ロケットの噴射燃料に変えてしまう
アセンションヒーリングの超達人が
そのノウハウの全貌をここに初公開!

9月2日にヒカルランドでは初の著書となる『飛沢式「量子 HADO ヒーラー」養成講座』を刊行した飛沢先生が、出版を記念してセミナーを開催。著書には盛り込めなかった内容やエピソードを、余すところなくお話しいただきます。そして今回は、会場にてご参加くださった方には2大特典をご用意しました。まず、発売日からまもなくの開催となりますので、同書籍を1冊プレゼント！　また、会場参加者の中から、憑依霊浄化の実演を行います。

「"量子 HADO"技術を学び、実践して、自身とまわりの人たちの人生を改革していく方々をもっと増やしたい」と仰る飛沢先生の生のメッセージを、ぜひ参加して受け取ってください。

『飛沢式「量子 HADO ヒーラー」養成講座』出版記念セミナー
「人生を改革する量子 HADO の世界」

日時：2021年9月5日（日）
時間：13：00～16：00
料金：5,000円（ZOOM 参加は3,000円）＊税込
会場＆申し込み：ヒカルランドパーク
03-5225-2671（平日10：00～17：00）

詳細&お申し込みはこちら

飛沢先生の大人気講座がリニューアル
ヒカルランドだけの限定コース！

新・高次元レイキ気功講座〈基礎コース〉

高次元レイキ気功療法士、アカシックレコーダー、スピリチュアルヒーラーとして大人気の飛沢誠一先生の本格講座が、ヒカルランド初登場です。全国で開催している「高次元レイキ気功講座」は、毎回、多くの方が受講されており、その講座は質が高く非常に満足度が高いと評判です。今回、同講座をリニューアルし、オプション講座もセットにして、ヒカルランドだけのスペシャルパッケージとして開講！

【内容】・自分へのヒーリングから他人・他の生物へのヒーリング
・顕在意識を超えたコミュニケーション能力
・高次元意識体（守護、宇宙意識、エンジェル）との交流
・自己、他人出来事のリーディング
・アカシックレコードへのアクセス能力
・霊体・邪気の浄霊能力　ほか

ヒーラーとして活動されている方に限らず、幅広い方々に受講していただきたい内容を盛り込みました。正しいスピリチュアルの知識を得て、さらにその技法を習得することで、みなさん自身だけでなくまわりの方々の人生を改善することが可能なのです。

新・高次元レイキ気功講座〈基礎コース〉　（2日間＋オプション講座1日）

日時：2021年10月9日（土）・10日（日）
時間：各日とも10：00～17：00
料金：120,000円　＊税込
定員：15名
会場＆申し込み：神楽坂ヒカルランドみらくる（7F）
03-5579-8948（11：00～18：00）
後援：健康まなび家
受講特典：オプションで「波動ヘルスコンサルタント：導入編（＋ミニカルマ鑑定）」が受講可能です。オプション講座（受講料38,000円→特典として無料、11～18時、別講師）の会場は表参道の「健康まなび家」となり、日程は参加者の希望によって調整予定です。

詳細&お申し込みはこちら

受講後には修了証を発行！
飛沢先生初のマスターコース

飛沢式［量子HADOヒーラー］養成講座〈マスターコース〉

『飛沢式「量子 HADO ヒーラー」養成講座』の著者である飛沢誠一先生が、ご自身としても初となるプロフェッショナル向けマスター講座をヒカルランド限定で開講！　前ページ（P207）でご紹介している「新・高次元レイキ気功講座〈基礎コース〉」に、下記の講座を組み合わせた本講座は、健康とスピリチュアルに関するプロとして活動できるよう、飛沢先生が真剣に、強力に、バックアップします（受講後には修了証も発行）。
7時間×5日間という濃厚な講座に加えて、超有料級のオプション講座が特典として無料受講できる、贅沢かつ本格的な講座。すでにヒーラーとして活動されている方はもちろん、これからプロとしてデビューしたい方にも自信を持ってオススメします！

【内容】・新・高次元レイキ気功講座〈基礎コース〉と同等の講座
・遠隔療法講座
・氣エネルギー鑑定講座
・スピリチュアルコミュニケーション講座

飛沢式［量子 HADO ヒーラー］養成講座〈マスターコース〉

（5日間＋オプション講座1日）

日時：2021年11月13日（土）・14日（日）・27日（土）・28日（日）・12月12日（日）
時間：各日とも10：00～17：00
料金：500,000円　＊税込
＊個人セッションと同時にお申し込みの場合は680,000円
定員：限定10名
会場＆申し込み：神楽坂ヒカルランドみらくる（7F）
03-5579-8948（11：00～18：00）
後援：健康まなび家
受講特典：オプションで「波動ヘルスコンサルタント：中級編」が受講可能です。オプション講座（受講料50,000円→特典として無料、11～18時、別講師）の会場は表参道の「健康まなび家」となり、日程は参加者の希望によって調整予定です。

詳細＆お申し込みはこちら

単発のセッションでは効果が実感できない方へ
飛沢先生初の連続個人セッション

飛沢式 人生設計トータルケア

東京・八王子にあるご自身のサロンで行っている高次元レイキ気功の施術が好評の飛沢誠一先生による個人セッションです。「単発のセッションでは効果が実感できない…」というお悩みをよく耳にしますが、飛沢先生も同じお考えで、「連続で受けてもらうことで、人生設計を多角的に、継続的にサポートしたい」と。

そこで、ヒカルランドのみで受けられる5回セットのコースを企画しました！ 「高次元レイキ気功」は、本格的なヒーリングからアカシックレコードのリーディング・ライティング、邪気の浄化、チャネリングなどを統合化し、飛沢先生が独自に開発したよりエネルギーが強く、より波動の高い技術です。その人の状況に合わせて最適な施術を行い、健康から人生の満足感向上までを実現します。

【内容】〈第1日〉高次元レイキ気功の施術
〈第2日〉施術の結果をもとにした家系浄化
〈第3日〉アカシックレコードリーディング・ライティング
〈第4日〉天命・天職鑑定によるゴール設定
〈第5日〉個別コンサルティング

＊上記の内容は、基本的な流れを明記しています。個人の状態や鑑定の結果により各回の内容が異なる場合があります。

飛沢式 人生設計トータルケア〈個人セッション〉（5日間）

日時：2021年11月19日（金）・26日（金）・12月3日（金）・10日（金）・17日（金）
時間：いずれも13：00～、14：30～、16：00～、17：30～、19：00～
＊1時間×5回パッケージ
料金：300,000円 ＊税込
＊マスターコースと同時にお申し込みの場合は680,000円
定員：限定5名　会場：イッテル珈琲
申し込み：神楽坂ヒカルランドみらくる
03-5579-8948（11：00～18：00）

詳細&お申し込みはこちら

「許し～人を責めない、自分を責めない～」

「許し」は霊性の扉を開く魔法です。人を責め、自分を責めている間は、心は苦しみの中にあります。「許し」の心を得た瞬間、心は高次へと向かいます。

「愛～Love～」

無限の愛の光は、いつもいつも私たちに降り注いでいます。輝く宇宙の光が降り注ぎ、「私」を通して周りに広がっていく幸福感を味わいます。

「自己実現～Self-realization～」

地上に生まれると心がうずき始めます。「生まれる前に願った理想を実現したい」と。あなたの人生の目的と使命を果たすために。

「ハイヤー・セルフ～Higher Self～」

高次元の視点から自分の人生を見渡すことができるようになっていきます。それこそが、人生を成功と希望に導く深い智慧となるのです。

「波動浄化～Clean up Vibration～」

あなたの波動を高め、悪い流れを断ち切り、あなた本来の輝き、素晴らしさを各エネルギーレベルで呼び覚ましていきます。

ヒカルランドパーク取扱い商品に関するお問い合わせ等は
メール：info@hikarulandpark.jp　URL：http://www.hikaruland.co.jp/
03-5225-2671（平日10-17時）

＊ご案内の価格、その他情報は発行日時点のものとなります。

本といっしょに楽しむ ハピハピ♥ Goods&Life ヒカルランド

「聞き流す」だけで潜在意識の自己イメージを書き換えていく
サブリミナルCD無限シリーズ

「夢の実現を阻んでいるのは、自分自身」――。一般的なサブリミナル・テープが日本に上陸した30年以上前から、テープの原稿作成をしていたひらやまれいこさんはそう語ります。私たちに大きな影響力を持ち、自己イメージを決定づけている潜在意識。努力しても、潜在意識にネガティブな情報が刷り込まれていたら、そのマインドブロックによって願いの実現は妨げられてしまうのです。サブリミナル CD は「ながら聞き」で構いません。心地よい音楽の中に潜ませてある肯定的なメッセージを潜在意識に届けて、自分にとって本来の“幸せの形”に気づき、実現していけます。

ひらやまれいこさん

サブリミナルCD
無限シリーズ
■各5,500円（税込）

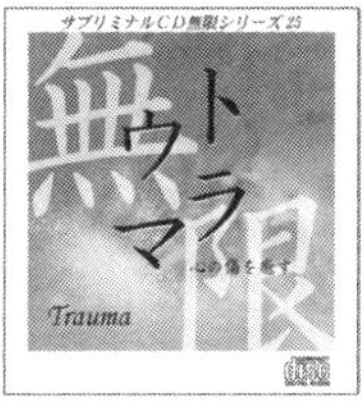

「トラウマ～心の傷を癒す～」
心の傷があなたの人生に影を落とします。幼い頃の天真爛漫な輝く心を取り戻し、明るく豊かな人生を謳歌するために。サブリミナル CD 初心者におすすめです。

「感謝～サンクス～」
「富」も「成功」も「健康」も、すべては「感謝」から始まります。「感謝」は明るく幸福な未来を開く魔法の扉です。

「富～Wealth～」
「夢の実現を阻んでいるのは自分自身」といいます。マインドブロックを外し、受け取る準備が整えば、富はあなたの元に流れ込んできます。

「引き寄せ力～Attract 1 モノ、お金編～」
あなた自身が宇宙のエネルギーの中心となって、素晴らしい未来を引き寄せるためのCD。引き寄せパワーを高めるので他の CD との相乗効果が期待できます。

「痩身～スリム・ダイエット～」
「太った、太った」と嘆いているとみるみる太っていく。そんな経験はありませんか？　潜在意識に自分の理想をちゃんと教えてあげることが大切です。

体温アップを検証！

「gruria（グルリア）」を20分装用後、サーモグラフィーを使用し、体温の変化を測定。

被験者：40代女性　　　　被験者：50代男性

目元だけでなく顔まわりや指先まで温まっている被験者たち。全身のめぐりが促進されて、体温にも変化が起きていると言えます。

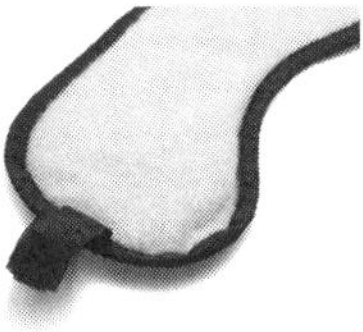

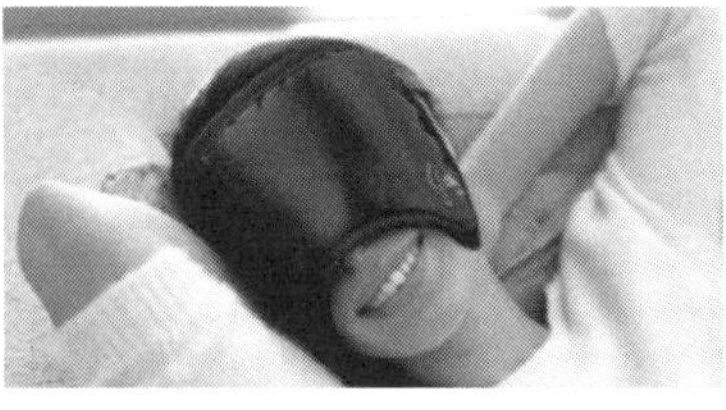

一般医療機器認可

gruria（グルリア）

■ 5,940円（税込）

●サイズ：横32㎝×縦15㎝（男女兼用）

●素材：［表地］ポリエステル100％、［裏地］綿84％、ポリエステル16％（国産天然鉱石加工）、［ベルト］ポリエステル100％、［面ファスナー］ナイロン100％

●一般医療機器届出番号 23B3X00025004744

※洗濯機での脱水はお避けください。また、塩素系漂白剤は使用しないでください。 ※直射日光、高温多湿な環境での保管は避けてください。 ※面ファスナーは、きつく巻きすぎないよう、ヘッドサイズに合わせて調節してください。 ※梱包の都合上、開封時にシワがよっている場合がありますが、使用上の問題はありません。

ヒカルランドパーク取扱い商品に関するお問い合わせ等は
メール：info@hikarulandpark.jp　URL：http://www.hikaruland.co.jp/
03-5225-2671（平日10-17時）

＊ご案内の価格、その他情報は発行日時点のものとなります。

本といっしょに楽しむ ハピハピ♥ Goods&Life ヒカルランド

1日たった15分の装用で体のすみずみまでイキイキ♪
毎日の美容・健康づくりは目からアプローチしよう！

◎話題沸騰！　こんなアイマスク見たことない！

アイマスクと言えば、移動中に眠りにつきたい時など、安眠や遮光性を求めて利用するのが一般的でした。しかし、この「gruria（グルリア）」は、これまでのアイマスクの機能をはるかに超え、装用するだけで美容・健康を促進し、エイジングケアを目指したい方の願いに寄り添ってくれる、超画期的＆異次元レベルのアイマスクなのです。

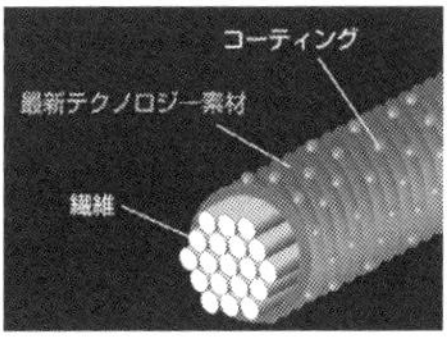

「なぜ、アイマスクなのにエイジングケア？」「目に使用するものが全身に影響を与えるの？」。こうした疑問を持たれても無理はないでしょう。でも、そんなアイマスクの既成概念を覆すのにはワケがあります。優しい風合いの裏地（目と接する側）に注目しましょう。そこに採用されているのは、数種類の天然鉱石でできたミネラル混合体である最新テクノロジー素材。この特殊素材が人体に触れることで、体内の約70％を占める水と共振共鳴し合い、「輻射《ふくしゃ》」と呼ばれる２つの物体間を波動（エネルギー）が伝わる現象によって全身へと伝わります。その結果、体の細部・すみずみまでめぐりが整い、全身が循環しだすという仕組みなのです。

この特殊技術は、創業80年を超える老舗レンズメーカーが度重なる実験と検証を重ね、エビデンスを集めながら、約30年の年月を開発に費やしてきた賜物！　仕事や勉強の休憩時間や移動中、就寝前など、１日15分のすき間時間を装用にあてるだけで、日頃のストレスや美容・健康上のトラブルなど、さまざまな悩みにアプローチし、健やかでイキイキとした毎日へのサポートになります。そう、めぐり改善は、体温を上げ基礎代謝や免疫のアップにつながり、心身の健康ほぼすべてに関係があると言えるほど重要なのです！

また、「gruria（グルリア）」は、「品質、有効性及び安全性の確保等に関する法律」に基づいた「一般医療機器」として認可。電源は要らず、低温やけどや電磁波の心配もありません。洗濯もできます。そんな実力が評価され、安心安全に健康・エイジングケアを成就させる唯一無二のアイマスクとして、発売早々に話題を独占した、今大注目のアイテムなのです。

gruria（グルリア）がこんな悩みにアプローチ！

めぐりの滞りを和らげることで…… ➡ 肌のシワ・くすみ／冷え／むくみ／疲れ目／ドライアイ／肩こり／慢性的な疲労／低体温／イライラ／心身の不調……などを癒す！

みらくる出帆社 ヒカルランドの

ITTERU BOOKS
イッテル本屋

高次元営業中！

あの本、この本、ここに来れば、全部ある

ワクワク・ドキドキ・ハラハラが無限大∞の８コーナー

ITTERU 本屋
〒162-0805　東京都新宿区矢来町111番地　サンドール神楽坂ビル３Ｆ
１Ｆ／２Ｆ　神楽坂ヒカルランドみらくる　　TEL：03-5579-8948

みらくる出帆社ヒカルランドが
心を込めて贈るコーヒーのお店

予約制

ITTERU COFFEE
イッテル珈琲

絶賛焙煎中！

コーヒーウェーブの究極の GOAL
神楽坂とっておきのイベントコーヒーのお店
世界最高峰の優良生豆が勢ぞろい
今あなたが、この場で豆を選び、
自分で焙煎《ばいせん》して、自分で挽《ひ》いて、自分で淹《い》れる
もうこれ以上はない、最高の旨さと楽しさ！
あなたは今ここから、最高の珈琲 ENJOY マイスターになります！

ITTERU 珈琲
〒162-0825　東京都新宿区神楽坂 3-6-22　THE ROOM ４Ｆ
予約　http://www.itterucoffee.com／（予約フォームへのリンクあり）
または 03-5225-2671まで

ヒカルランド　好評既刊！

地上の星☆ヒカルランド　銀河より届く愛と叡智の宅配便

CMC（カーボンマイクロコイル）のすべて
著者：元島栖二
四六ソフト　本体2,000円+税

DNAと同じ「3D－ヘリカル／らせん構造」の驚異の炭素繊維【CMC（カーボンマイクロコイル）】が未来を拓く！　生命にやさしく共鳴し、高度機能を発現する世界オンリーワン技術。電磁波・5G、地磁気、水の活性化、デトックス、生命力のアクティブ化まで……無限の可能性を秘めた次世代素材を徹底解説！「カーボンマイクロコイル（CMC）は人間の鼓動（脈拍）と同じ、約60回転／分の速度で回転しながら、まるで生き物のように成長します。そこには、人間・生命体と共鳴する命が宿り、意識すらもっているようにさえ感じられます。宇宙のすべて＝森羅万象の基礎原理である『らせん』構造をもつCMCは、まさに大宇宙に学ぶ〝コスモ・ミメティック〟(cosmo-mimetic)なものづくりの結晶であり、人間・生命体にやさしく共鳴する高度の新規機能の発現と無限の応用の可能性を秘めています」（著者より）

この世の99%を動かす量子の秘密
監修：岩尾和雄
著者：岩尾朋美
四六ソフト　本体2,000円+税

量子場（りょうしば／クオンタム・フィールド）＝現実世界の真実の基盤（マトリクス）を創造する技術をマスターすれば、〝想い通り〟の人生が始動する！　この世界を構成する最小単位であり、波そして粒子でもある不思議な存在、〈量子〉。意識が未来を意図するとき、量子場＝エネルギーフィールドが生み出され、無意識の強大な力によって現実が加速度的に形成されていきます。「量子場調整（R）」は量子／意識／無意識の法則化によって、未来の量子場をみずから創造し、過去のパターンや囚われの書き換えを可能とする革新的なヒーリングテクノロジーです。西洋の〈パワー〉でも、東洋の〈気〉でもない、日本発の軽やかにして最強の法則、それが〈量子〉なのです。量子力学・身体構造・気・オーラ・陰陽五行・脳と意識・感覚・フィーリング・次元・水晶……あらゆる叡智の綜合でこれまでの常識をひっくり返す、次世代の現実創造術の真髄をここに公開！

ヒカルランド　好評既刊！

地上の星☆ヒカルランド　銀河より届く愛と叡智の宅配便

地底医学
著者：奥山輝実
四六ソフト　本体2,000円+税

迫りくる【地球人6回目の滅亡】を回避するために、今知るべきことがここにあります。愛がないから万病が広がるのです。光も闇も、魔物が吐き出す猛毒も邪念も、そして万病も。本質は愛です。愛に還せます。その術が医術と呼ばれています。あなたは今、「万病で滅亡しそうな世界」と「病がなくなった世界」の分かれ目にいるのです。【聖徳太子】は地底からの愛のメッセンジャーだった！　そして今もまた【日本】のどこかで…／【ワクチン】と称する毒薬で魂を追い出し魑魅魍魎（ちみもうりょう）を招き入れる暗黒医療／【地球平面説】もまんざら嘘ではない！／【大地震】【大津波】【火山の大噴火】は地球の「もう限界！」で起きる／映画『スターウォーズ』はアチラの思惑通りに作られた／最後のチャンスをもらった地球人の末路は？　地底人が宇宙人が、人魚が、妖精が、クジラが、イルカが…たくさんの五次元以上の存在が【瀕死状態の地球】について教えてくれました！　これは五次元医師の【地底旅行】の記録。

「波動医学」と宗教改革
著者：船瀬俊介
四六ソフト　本体1,800円+税

釈迦もイエスも、絶対的愛情—「慈愛」—の精神において通底している。ふりかえって、現在の仏教とキリスト教を俯瞰してみる……。もはや、溜め息しか出ない。かたや、葬式仏教、観光仏教、金満坊主……。かたや、バチカン、小児性愛、悪魔教……。これは、他の諸宗、万教にもいえるだろう。——もういちどいう。あらゆる「宗教」の本願は、民衆を「病気」「苦悩」から救済することである。万教は、この原点に、立ち返るときである。死神に乗っ取られた現代医療。金〝満〟湯池の現代宗教。これらを同時に改革する方法——それは万教の原点回帰、「波動」と「宗教」の一体化。いま、波動エネルギーは、「医学」も、そして「宗教」も、根底から変えようとしている！　強大なる二つの闇を暴き、さらに解決案をしめした改革の書。日本人の「心」と「魂」と「体」を「波動医学」で救う！　鬼才・船瀬俊介が展開する「波動医学」シリーズ、ネクストステージへ。